EXPLORANDO LA DIVERSIDAD SEXUAL
UNA MIRADA OBJETIVA A LA SEXUALIDAD E IDENTIDAD DE GÉNERO

David Aguiar

DEDICATORIA

"Para mi amada esposa Luisana Penso, mi querido hijo Claudio, Justina, Dariel, Luis José y Adrián, así como para todos mis amigos. Su amor incondicional y apoyo constante han hecho posible este libro. Que estas páginas sean un tributo a la importancia de aceptarnos y amarnos tal como somos. Con gratitud y cariño, David Aguiar

CONTENIDO

AGRADECIMIENTOS

Quiero expresar mi profundo agradecimiento por el apoyo incondicional en la creación de mi primer libro, "Explorando la Diversidad Sexual: Una Mirada Objetiva a la Sexualidad e Identidad de Género". A mi amada esposa Luisana, mis queridos hijos Claudio, Justina, Dariel, Luis José y Adrián, su amor y paciencia fueron mi inspiración constante. También agradezco a mis amigos, cuyo aliento y confianza hicieron posible este logro. Con ustedes a mi lado, este proyecto tomó forma y significado. Gracias por ser mi fuente de fortaleza y motivación.

INTRODUCION

La diversidad sexual y la identidad de género son aspectos fundamentales de la experiencia humana que han sido objeto de debate, debate y exploración a lo largo de la historia. En el vasto y complejo panorama de la sexualidad humana, existe una riqueza de experiencias, orientaciones y expresiones de género que merecen ser identificados y respetados.

El presente libro tiene como objetivo adentrarse en el fascinante mundo de la diversidad sexual y la identidad de género, ofreciendo una mirada objetiva y estrictamente basada en el conocimiento actual y la investigación científica. Nos proponemos arrojar luz sobre temas que, en ocasiones, han sido abordados desde la desinformación, los prejuicios o el desconocimiento.

En sus páginas abordamos una amplia gama de temas, desde las diferentes orientaciones sexuales y sus matices, hasta las diversas identidades de género que van más allá de los dualismos tradicionales. Exploraremos cómo la cultura, la historia y las normas sociales han influido en la comprensión de la sexualidad y el género, y cómo estos conceptos han evolucionado a lo largo del tiempo.

En este viaje de exploración, buscaremos desterrar mitos y estigmas que han rodeado a la diversidad sexual y de género. Analizaremos la importancia del respeto y la aceptación de las personas en todas sus expresiones y cómo el reconocimiento de sus derechos es esencial para construir una sociedad inclusiva y justa

Además, abordaremos los desafíos que aún enfrenta la comunidad LGBTQ+ en términos de discriminación, acceso a la atención médica y derechos legales. Analizaremos las luchas y los logros alcanzados por activistas y organizaciones en la búsqueda de la igualdad de derechos y el reconocimiento de la diversidad.

Este libro no pretende imponer una verdad absoluta, sino invitar al lector a cuestionar y reflexionar sobre la diversidad sexual y de género desde una perspectiva objetiva, respetuosa y libre de prejuicios. Cada capítulo es una invitación a explorar, aprender y crecer en la comprensión de nosotros mismos y de los demás.

En última instancia, "Explorando la Diversidad Sexual: Una Mirada Objetiva a la Sexualidad e Identidad de Género" es un llamado a la empatía, la tolerancia y la aceptación. Esperamos que este libro contribuya a construir un mundo en el que todas las personas, sin importar su orientación sexual o identidad de género, puedan vivir libres y auténticas, con el respeto y la dignidad que merecen.

PROLOGO

La diversidad de género es un tema complejo y multifacético que históricamente ha sido abordado desde diferentes ángulos. En este libro, el profesor David Aguiar presenta una mirada objetiva a la sexualidad y la identidad de género, explorando una variedad de temas, como la orientación sexual, la identidad de género, la expresión de género, la salud sexual y los derechos de las personas LGBTIQ+.

El libro comienza con una introducción a la diversidad sexual, definiendo los términos clave y proporcionando una breve historia de este tema. Luego, Aguiar explora una variedad de temas relacionados con la sexualidad y la identidad de género, proporcionando una visión objetiva y equilibrada de cada tema.

Este libro es una valiosa herramienta para cualquiera que quiera aprender más sobre la diversidad sexual. Está escrito en un lenguaje claro y accesible, y está lleno de información valiosa. El libro es una gran lectura para estudiantes, profesionales y miembros del público en general que quieran tener una mejor comprensión de este tema complejo e importante.

En este prólogo, quiero dar la bienvenida a los lectores a este libro y expresar mi agradecimiento al profesor Aguiar por su arduo trabajo y dedicación en la creación de este recurso valioso. Espero que este libro ayude a los lectores a aprender más sobre la diversidad sexual y a desarrollar una mayor comprensión y empatía por las personas LGBTIQ+.

Luisana Penso

CAPÍTULO 1: INTRODUCCIÓN A LA DIVERSIDAD SEXUAL Y DE GÉNERO

Definiciones clave y conceptos fundamentales LGBTQ+

La comunidad LGBTQ+ (Lesbianas, Gays, Bisexuales, Transgénero, Queer y más) abarca una diversidad de identidades de género, orientaciones sexuales y expresiones de género. A lo largo de los años, se han establecido definiciones clave y conceptos fundamentales para comprender y respetar completamente a esta comunidad. A continuación, se presentan algunas de las definiciones y conceptos más importantes relacionados con LGBTQ+:

Orientación sexual: Se refiere a la atracción romántica, emocional y/o sexual hacia personas del mismo género (homosexual), del género opuesto (heterosexual) o de más de un género (bisexual y pansexual).

Identidad de género: Es el sentido interno y profundo de ser hombre, mujer, una combinación de ambos, ninguno o algo diferente. No se correlaciona con el sexo asignado al nacer.

Cisgénero: Una persona cisgénero es aquella cuya identidad de género se alinea con el sexo que se le asignó al nacer.

Transgénero: Una persona transgénero es aquella cuya identidad de género difiere del sexo que se le asignó al nacer. Pueden identificarse como hombres, mujeres, no binarios, entre otras identidades.

No binario: Es una identidad de género que no se ajusta a las categorías tradicionales de masculino o femenino. Las personas no binarias pueden identificarse fuera del espectro binario de género.

Queer: Es un término inclusivo y amplio que engloba a personas que no se identifican completamente con las categorías tradicionales de género y/o sexualidad. Algunas personas lo usan como una identidad en sí misma, mientras que otras lo usan como un término paraguas.

Intersexual: Una persona intersexual nace con características sexuales que no se ajustan típicamente a las definiciones binarias de sexo masculino o femenino.

Homofobia: Es el miedo, la aversión o la discriminación hacia personas homosexuales o hacia la homosexualidad en general.

Bifobia: Es el miedo, la aversión o la discriminación hacia personas bisexuales o hacia la bisexualidad en general.

Transfobia: Es el miedo, la aversión o la discriminación hacia las personas transgénero o hacia la transexualidad en general.

Homosexual: Una persona homosexual es aquella que tiene una orientación sexual hacia personas del mismo género.

Bisexual: Una persona bisexual es aquella que tiene la capacidad de sentir atracción romántica o sexual hacia personas de más de un género.

Pansexual: Una persona pansexual es aquella que puede sentir atracción romántica o sexual hacia personas de cualquier género o identidad de género.

Asexual: Una persona asexual es aquella que experimenta poco o ningún deseo sexual hacia otras personas.

Arcoíris: Es un símbolo ampliamente utilizado para representar la diversidad y la comunidad LGBTQ+.

Coming out: Es el proceso mediante el cual una persona revela su orientación sexual o identidad de género a familiares, amigos o la sociedad en general.

Aliado: Es una persona que no es LGBTQ+ pero apoya y defiende los derechos y la igualdad de esta comunidad.

Derechos LGBTQ+: Se refiere a los derechos civiles y humanos de las personas LGBTQ+, incluido el matrimonio igualitario, la protección contra la discriminación y el acceso a la atención médica y servicios sociales.

Heteronormatividad: Es la suposición generalizada de que la heterosexualidad es la norma y la preferencia sexual "correcta".

Estigma: Es la desaprobación social, el prejuicio y la discriminación que enfrentan las personas LGBTQ+ debido a su orientación sexual o identidad de género.

Estos son solo algunos de los términos y conceptos fundamentales para comprender la diversidad y la riqueza de la comunidad LGBTQ+. Es importante educarse y ser consciente de estos conceptos para promover la inclusión, la igualdad y el respeto hacia todas las personas, independientemente de su orientación sexual o identidad de género.

La inclusión y el respeto hacia la comunidad LGBTQ+ son fundamentales para construir una sociedad más justa, igualitaria y empática. A lo largo de la historia, las personas LGBTQ+ han enfrentado discriminación, estigmatización y violencia debido a su orientación sexual o identidad de género. Sin embargo, en las últimas décadas, ha habido un reconocimiento creciente de los derechos y la dignidad de esta comunidad, lo que ha llevado a un progreso significativo en muchas partes del mundo. A continuación, argumentaré sobre la importancia de la inclusión y el respeto hacia la diversidad LGBTQ+.

En primer lugar, la inclusión y el respeto hacia la comunidad LGBTQ+ son fundamentales para promover la igualdad de derechos y oportunidades para todas las personas. Negarles a las personas LGBTQ+ sus derechos civiles básicos, como el matrimonio igualitario o la adopción, perpetúa la desigualdad y la discriminación. Todas las personas, independientemente de su orientación sexual o identidad de género, deben tener los mismos derechos y oportunidades para desarrollarse plenamente y contribuir positivamente a la sociedad.

En segundo lugar, la inclusión y el respeto hacia la diversidad LGBTQ+ fomentan una sociedad más tolerante y empática. Al reconocer y celebrar la diversidad de orientaciones sexuales e identidades de género, promovemos el respeto hacia las diferencias individuales. La empatía nos permite ponernos en el lugar de los demás, comprender sus luchas y desafíos, y trabajar juntos para superar la discriminación y el prejuicio.

En tercer lugar, la inclusión y el respeto hacia la comunidad LGBTQ+ son fundamentales para mejorar la salud mental y el bienestar de las personas LGBTQ+. La discriminación y el estigma pueden tener un impacto devastador en la salud mental de las personas LGBTQ+, lo que lleva a una mayor incidencia de ansiedad, depresión y suicidio. Al crear entornos inclusivos y seguros, podemos ayudar a reducir la carga de la salud mental y promover el bienestar de todos los individuos.

En cuarto lugar, la inclusión y el respeto hacia la comunidad LGBTQ+ son beneficios para el conjunto de la sociedad. La diversidad y la inclusión son motores de la creatividad, la innovación y el progreso social. Al valorar y respetar las diversas perspectivas y experiencias de todas las personas, podemos construir una sociedad más enriquecedora y en constante evolución.

Además, es importante recordar que la orientación sexual y la identidad de género son aspectos intrínsecos de la identidad humana. Negar la existencia o los derechos de las personas LGBTQ+ es negar su humanidad y perpetuar la exclusión y la marginación.

En el ámbito internacional, numerosos tratados y organismos defensores de los derechos humanos han instaurado a los gobiernos a garantizar la igualdad y la protección de las personas LGBTQ+. La Declaración Universal de Derechos Humanos establece que todas las personas nacen libres e iguales en dignidad y derechos, sin importar su orientación sexual o identidad de género. Por lo tanto, la lucha por la inclusión y el respeto hacia la comunidad LGBTQ+ es un imperativo moral y legal.

En conclusión, la inclusión y el respeto hacia la diversidad LGBTQ+ son esenciales para construir una sociedad más justa, igualitaria y empática. Al reconocer y valorar la diversidad de orientaciones sexuales e identidades de género, promovemos la igualdad de derechos, la salud mental y el bienestar de todas las personas. Además, fomentamos una sociedad más tolerante, creativa e innovadora. Es responsabilidad de todos trabajar juntos para eliminar la discriminación y el prejuicio hacia la comunidad LGBTQ+ y construir un mundo donde todas las personas sean tratadas con respeto, dignidad e igualdad.

Importancia de comprender la diversidad en la sociedad actual

La comprensión y valoración de la diversidad en la sociedad actual son fundamentales para construir un mundo más inclusivo, respetuoso y armonioso. La diversidad en todas sus formas ya sea cultural, étnica, lingüística, religiosa, de género u orientación sexual, enriquece nuestras vidas y nos brinda la oportunidad de aprender y crecer como individuos y como sociedad. A continuación, se expondrá sobre la importancia de comprender la diversidad en la sociedad actual.

En primer lugar, la diversidad nos enriquece culturalmente. Cada cultura tiene sus propias tradiciones, costumbres, música, arte y forma de ver el mundo. Al comprender y respetar la diversidad cultural, podemos aprender de otras formas de vida y ampliar nuestra perspectiva. Esto nos permite desarrollar una mayor apreciación por la riqueza de la humanidad y celebrar la variedad de expresiones culturales presentes en el mundo.

En segundo lugar, la diversidad fomenta la tolerancia y el respeto mutuo. Al entrar en contacto con personas que son diferentes a nosotros, ya sea en términos de raza, religión o identidad de género, aprendemos a convivir y apreciar las diferencias. Esto nos ayuda a superar los prejuicios y estereotipos que pueden surgir cuando desconocemos o tememos lo que no entendemos.

En tercer lugar, la diversidad impulsa la creatividad e innovación. La diversidad de pensamientos y experiencias nos lleva a cuestionar nuestras ideas preconcebidas y buscar soluciones nuevas y más creativas a los desafíos que enfrentamos. La colaboración entre personas con diferentes perspectivas enriquece el proceso creativo y fomenta la innovación en todos los ámbitos de la sociedad.

En cuarto lugar, la diversidad es esencial para el desarrollo económico y social. En un mundo globalizado, donde las interacciones internacionales son cada vez más comunes, la comprensión y valoración de la diversidad son clave para establecer relaciones comerciales y diplomáticas exitosas. Además, la inclusión de personas de diferentes orígenes en el mercado laboral promueve la diversidad de habilidades y conocimientos, lo que beneficia a las empresas y la sociedad en general.

Además, comprender la diversidad nos permite abordar problemas sociales y globales de manera más efectiva. La comprensión de las diferentes realidades y perspectivas de las personas puede ayudar a encontrar soluciones más equitativas y sostenibles para desafíos como la pobreza, la desigualdad de género, el cambio climático y la migración. La colaboración y el diálogo entre personas de diferentes culturas y antecedentes son fundamentales para abordar estos problemas de manera integral y justa.

La comprensión de la diversidad también es esencial para promover la igualdad de derechos y oportunidades. Cuando reconocemos y valoramos las diferencias entre las personas, estamos en una mejor posición para garantizar que todos tengan las mismas oportunidades para desarrollarse mucho y alcanzar su máximo potencial, sin importar su raza, género, religión u orientación sexual.

Además, la comprensión de la diversidad es fundamental para la construcción de una sociedad más pacífica. La intolerancia y la discriminación basada en diferencias culturales o de otro tipo han sido la causa de muchos conflictos en la historia de la humanidad. Al comprender y valorar la diversidad, podemos promover el respeto, la tolerancia y la convivencia pacífica entre diferentes grupos de personas.

En conclusión, la comprensión de la diversidad es esencial en la sociedad actual. Nos enriquece culturalmente, fomenta la tolerancia y el respeto mutuo, impulsa la creatividad e innovación, y promueve el desarrollo económico y social. Además, nos permite abordar problemas sociales y globales de manera más efectiva, promover la igualdad de derechos y oportunidades, y construir una sociedad más pacífica y armoniosa. Es responsabilidad de todos contribuir a la valoración y comprensión de la diversidad, para construir un mundo más inclusivo, respetuoso y justo para todos.

De acuerdo con el contexto anterior, la comprensión y apreciación de la diversidad en la sociedad actual no solo es deseable, sino también necesaria para afrontar los complejos desafíos que enfrentamos. La realidad es que vivimos en un mundo cada vez más interconectado, donde la globalización, la migración y la tecnología han acercado a personas de diferentes culturas, idiomas y perspectivas. En este contexto, la diversidad se convierte en una fuerza impulsora para el progreso, la innovación y la convivencia pacífica.

Por tanto, en primer lugar, la diversidad en la sociedad promueve la igualdad y la justicia social. Al comprender y valorar las diferencias entre las personas, podemos identificar y abordar las desigualdades estructurales y las barreras que enfrentar ciertos grupos en su acceso a oportunidades y recursos. La equidad es esencial para lograr una sociedad más inclusiva, donde todos tengan la posibilidad de desarrollarse ampliamente y alcanzar sus metas.

En segundo lugar, la diversidad es esencial para el desarrollo de una ciudadanía activa y participativa. Cuando las personas provienen de diferentes orígenes culturales o sociales, aportan una variedad de perspectivas y experiencias que enriquecen el debate público y las decisiones políticas. La inclusión de diferentes voces en el proceso de toma de decisiones garantiza que las políticas y acciones adoptadas reflejen las necesidades y deseos de toda la sociedad.

En tercer lugar, la comprensión de la diversidad fomenta la empatía y la solidaridad. Al conocer las realidades y experiencias de personas diferentes a nosotros, somos más propensos a ponernos en su lugar y comprender sus luchas y aspiraciones. Esto nos lleva a ser más sensibles y solidarios hacia los demás, creando una sociedad más colaborativa y compasiva.

En cuarto lugar, la diversidad es un motor de innovación y creatividad en la economía y en la ciencia. La combinación de diferentes habilidades, perspectivas y conocimientos permite abordar los desafíos de manera más integral y encontrar soluciones novedosas. La diversidad en los equipos de trabajo, por ejemplo, ha demostrado mejorar la eficiencia y la eficacia en la resolución de problemas.

Además, la comprensión de la diversidad es esencial para preservar y valorar el patrimonio cultural y natural de la humanidad. Cada cultura y comunidad aporta conocimientos y tradiciones únicas que deben ser respetados y protegidos. La diversidad cultural y lingüística enriquece nuestra experiencia humana y nos conecta con nuestras raíces históricas.

Por otro lado, la ignorancia o el desprecio hacia la diversidad pueden generar conflictos y tensiones sociales. Los prejuicios y la discriminación hacia grupos minoritarios, por ejemplo, pueden llevar a la exclusión y la marginación, alimentando la polarización y el odio. La comprensión y valoración de la diversidad son esenciales para promover la convivencia pacífica y el respeto hacia todos los miembros de la sociedad.

En consecuencia, la comprensión y apreciación de la diversidad en la sociedad actual son fundamentales para promover la igualdad, la justicia, la convivencia pacífica y la innovación. La diversidad enriquece nuestra cultura, nuestras interacciones sociales y nuestro desarrollo económico y científico. Al respetar y valorar las diferencias entre las personas, podemos construir una sociedad más inclusiva, respetuosa y armoniosa. Es responsabilidad de cada individuo contribuir a promover la comprensión de la diversidad y trabajar por un mundo donde todos seamos respetados y valorados por igual, sin importar nuestras diferencias.

CAPÍTULO 2: EVOLUCIÓN DE LA PERCEPCIÓN DE LA DIVERSIDAD SEXUAL

Cambios históricos en la aceptación y visibilidad de la diversidad

A lo largo de la historia, ha habido cambios significativos en la aceptación y visibilidad de la diversidad en la sociedad. Estos cambios han sido impulsados por movimientos sociales, avances legales y una mayor conciencia sobre la importancia de respetar y valorar a todas las personas, independientemente de sus diferencias. A continuación, se expondrá sobre algunos de los cambios históricos más relevantes en la aceptación y visibilidad de la diversidad.

De hecho, en el pasado, muchas sociedades estaban profundamente arraigadas en normas y valores tradicionales que rechazaban o marginaban a personas que no se ajustaban a ciertas normas de género, orientación sexual o identidad cultural. Sin embargo, a lo largo del siglo XX y especialmente en las últimas décadas, se han producido cambios importantes que han abierto paso a una mayor aceptación y visibilidad de la diversidad.

Uno de los cambios más significativos ha sido el movimiento de los derechos civiles en Estados Unidos, que luchó por la igualdad de derechos para las personas afrodescendientes, así como por el reconocimiento y respeto de la diversidad racial y étnica. Gracias a líderes como Martin Luther King Jr., Rosa Parks y Malcolm X, se lograron importantes avances en la lucha contra la discriminación racial y la segregación, lo que ha sentado las bases para la promoción de la diversidad en la sociedad.

En el ámbito de la diversidad sexual, la visibilidad y aceptación de la comunidad LGBTQ+ también han experimentado cambios significativos a lo largo del tiempo. En muchos países, la homosexualidad era criminalizada y considerada una enfermedad mental hasta hace relativamente poco. Sin embargo, desde los disturbios de Stonewall en 1969 en Nueva York, que marcaron el inicio del movimiento por los derechos LGBTQ+, ha habido avances significativos en la lucha por la igualdad y el reconocimiento de la diversidad sexual y de género.

Uno de los hitos más importantes en la aceptación y visibilidad de la diversidad sexual fue la despenalización de la homosexualidad en varios países en la segunda mitad del siglo XX. En 1973, la Asociación Estadounidense de

Psiquiatría eliminó la homosexualidad de su lista de enfermedades mentales, lo que tuvo un impacto significativo en la percepción de la orientación sexual en la sociedad.

En las últimas décadas, muchos países han promulgado leyes que garantizan la igualdad de derechos para las personas LGBTQ+ en áreas como el matrimonio, la adopción y la protección contra la discriminación. La visibilidad de la comunidad LGBTQ+ en los medios de comunicación y en la cultura popular también ha advertido, lo que ha contribuido a una mayor aceptación y comprensión de la diversidad sexual y de género.

Además, la lucha por los derechos de las personas con discapacidad ha llevado a cambios importantes en su aceptación y visibilidad. Anteriormente, las personas con discapacidad eran a menudo ignoradas o marginadas en la sociedad. Sin embargo, gracias a la acción activista y al reconocimiento de que la discapacidad es una parte natural de la diversidad humana, se han promovido políticas y leyes que garantizan la igualdad de oportunidades y la inclusión de las personas con discapacidad en todos los aspectos de la vida social y económica.

En el ámbito de la diversidad cultural, también ha habido avances significativos en la promoción del respeto y la valoración de las diferencias culturales. Los movimientos por los derechos civiles en diferentes países han luchado contra la discriminación y el racismo, promoviendo una mayor inclusión y respeto hacia todas las culturas y etnias.

En relación con la idea anterior, los cambios históricos en la aceptación y visibilidad de la diversidad han sido fundamentales para construir una sociedad más justa, inclusiva y respetuosa. A través de los movimientos sociales, los avances legales y una mayor conciencia sobre la importancia de valorar a todas las personas, hemos logrado avanzar hacia un mundo donde la diversidad es contenida y donde todos podemos vivir en armonía, reconociendo y respetando las diferencias que nos enriquecen como sociedad. Es necesario seguir promoviendo la comprensión y aceptación de la diversidad para construir un futuro más igualitario y diverso.

La aceptación y visibilidad de la diversidad han experimentado importantes avances a lo largo de la historia, pero aún enfrentan desafíos y obstáculos que requieren una reflexión crítica y un esfuerzo constante para lograr una sociedad verdaderamente inclusiva y respetuosa.

A pesar de los avances en la lucha por los derechos civiles y la igualdad, aún persisten manifestaciones de discriminación y prejuicios hacia personas pertenecientes a diferentes grupos étnicos, culturales, religiosos, de género u orientación sexual. La invisibilidad y marginación de ciertas minorías aún son una realidad en muchos contextos, lo que pone de manifiesto la necesidad de seguir trabajando en la visibilización y protección de los derechos de todos los individuos, sin excepción.

En algunos países, el retroceso en los avances hacia la aceptación y visibilidad de la diversidad ha sido evidente en los últimos años. El auge de movimientos y discursos políticos xenófobos, homofóbicos y discriminatorios ha amenazado la protección de los derechos de ciertos grupos, poniendo en riesgo la construcción de una sociedad inclusiva y respetuosa.

Debe señalizarse que la falta de educación y sensibilización sobre la diversidad también representa un desafío significativo. La ignorancia y el desconocimiento sobre otras culturas, religiones o identidades pueden llevar a la perpetuación de estereotipos y prejuicios. La educación inclusiva, que promueva la empatía y el respeto hacia la diversidad, es esencial para combatir la discriminación y construir una sociedad más justa y comprensiva.

Además, la falta de representación de diversas identidades y culturas en los medios de comunicación y en la esfera pública puede llevar a cabo la invisibilización y la marginación de ciertos grupos. La representación estereotipada o sesgada de ciertos colectivos puede perpetuar prejuicios y contribuir a la discriminación. Es necesario fomentar una representación más diversa y precisa en los medios para promover una mayor comprensión y valoración de la diversidad.

En algunas áreas, como la diversidad sexual y de género, todavía hay un largo camino por recorrer para lograr una verdadera inclusión y respeto. A pesar de los avances en la legislación, muchas personas LGBTQ+ enfrentan discriminación, violencia y falta de reconocimiento de sus derechos en diversas partes del mundo. Los estereotipos de género y las normas rígidas de masculinidad y feminidad también pueden ser obstáculos para la aceptación plena de la diversidad de identidades de género y orientaciones sexuales.

Asimismo, es importante reconocer que la aceptación y visibilidad de la diversidad no se trata solo de reconocer las diferencias, sino también de abordar las desigualdades y privilegios que existen en la sociedad. La lucha por la igualdad implica cuestionar y transformar las estructuras y sistemas que perpetúan la discriminación y la exclusión, buscando crear oportunidades y condiciones justas para todas las personas, sin importar sus diferencias.

Por tanto, aunque ha habido avances en la aceptación y visibilidad de la diversidad, aún enfrentamos importantes desafíos que requieren una reflexión crítica y un compromiso constante. La lucha por una sociedad inclusiva y respetuosa debe ser una tarea de todos, cuestionando los prejuicios y estereotipos, promoviendo la educación inclusiva y fomentando una representación más diversa y precisa en los medios de comunicación. Solo a través de un esfuerzo conjunto podemos construir un mundo donde todas las personas sean reconocidas, valoradas y respetadas en su diversidad, y donde la igualdad de derechos y oportunidades sea una realidad para todos.

Hitos y avances en los derechos LGBTQ+ a lo largo del tiempo

A lo largo del tiempo, la lucha por los derechos de la comunidad LGBTQ+ ha sido una batalla constante y valiente por la igualdad, la aceptación y el respeto. A pesar de los desafíos y obstáculos, ha habido importantes hitos y avances en la protección de los derechos y la visibilidad de las personas lesbianas, gays, bisexuales, transgénero y queer. A continuación, se expondrá sobre algunos de los momentos clave en la historia de los derechos LGBTQ+.

Sin duda, uno de los primeros hitos significativos fue en 1867, cuando Karl Heinrich Ulrichs, un activista alemán, se convirtió en uno de los primeros defensores de los derechos de las personas homosexuales. Ulrichs abogó por la abolición de las leyes que penalizaban la homosexualidad y promovió la idea de que la orientación sexual es una parte natural de la diversidad humana.

En 1924, Magnus Hirschfeld fundó el Instituto de Investigación Sexual en Alemania, que fue un centro pionero en la investigación y el apoyo a la comunidad LGBTQ+. El instituto trabajo para desestigmatizar la homosexualidad y promover el respeto hacia las diferentes orientaciones sexuales.

El año 1969 marcó un punto de inflexión en la lucha por los derechos LGBTQ+ con los disturbios de Stonewall en Nueva York. Después de una redada policial en un bar frecuentado por personas LGBTQ+, la comunidad respondió con protestas y enfrentamientos con la policía durante varios días. Estos disturbios se consideran el inicio del movimiento moderno por los derechos LGBTQ+ y llevaron a la creación de organizaciones y grupos de activistas que lucharon por la igualdad y el reconocimiento de la diversidad sexual y de género.

En 1973, la Asociación Estadounidense de Psiquiatría eliminó la homosexualidad de su lista de enfermedades mentales, lo que fue un paso importante en el reconocimiento de la orientación sexual como una variante normal de la diversidad humana.

En 1978, el artista y activista Gilbert Baker creó la bandera arcoíris, que se ha convertido en un símbolo global del orgullo y la diversidad LGBTQ+. La bandera representa la variedad de colores y matices que componen la comunidad, así como el arcoíris que surge después de la tormenta, simbolizando la esperanza y el amor.

En 1993, se cumplió la Ley de No Discriminación en el Empleo (ENDA) en Estados Unidos, que buscaba proteger a las personas LGBTQ+ de la discriminación laboral. Aunque no se produjo a nivel federal, algunos estados han adoptado leyes similares para proteger los derechos laborales de las personas LGBTQ+.

Uno de los hitos más significativos en la lucha por los derechos LGBTQ+ fue la legalización del matrimonio igualitario en varios países. En 2001, los Países Bajos se cerraron en el primer país en legalizar el matrimonio entre personas del mismo sexo. A lo largo de los años, muchos otros países han seguido su ejemplo, reconociendo el derecho de las parejas del mismo sexo a casarse y disfrutar de los mismos derechos y protecciones legales que las parejas heterosexuales.

En 2009, el presidente Barack Obama realizó la Ley de No Odio (Matthew Shepard and James Byrd, Jr. Hate Crimes Prevention Act) en Estados Unidos, que amplió las protecciones contra los crímenes de odio para incluir a las personas LGBTQ+. Esta ley fue un paso importante para reconocer y proteger los derechos de las personas que han sido víctimas de violencia y discriminación basada en su orientación sexual o identidad de género.

En 2010, la Organización Mundial de la Salud eliminó la transexualidad de su lista de trastornos mentales, reconociendo que la identidad de género no es una enfermedad, sino una parte normal de la diversidad humana.

En 2015, la Corte Suprema de Estados Unidos emitió una decisión histórica en el caso Obergefell v. Hodges, que legalizó el matrimonio igualitario en todo el país. Esta decisión fue un logro significativo para la igualdad y el reconocimiento de los derechos de las parejas del mismo sexo en Estados Unidos.

En 2020, la Corte Suprema de Estados Unidos emitió otra decisión importante en el caso Bostock v. Clayton County, que estableció que la discriminación laboral basada en la orientación sexual o identidad de género está prohibida por la Ley de Derechos Civiles de 1964. Esta decisión fue un paso importante para garantizar la protección legal de los derechos de las personas LGBTQ+ en el ámbito laboral.

Asi también, a lo largo del tiempo ha habido importantes hitos y avances en la lucha por los derechos LGBTQ+. Desde los disturbios de Stonewall hasta la legalización del matrimonio igualitario, se han logrado importantes conquistas en la protección de los derechos y la visibilidad de la comunidad LGBTQ+. Sin embargo, aún existen desafíos y obstáculos que requieren un compromiso constante para lograr una sociedad verdaderamente inclusiva y respetuosa de la diversidad sexual y de género. La lucha por la igualdad y el reconocimiento de los derechos LGBTQ+ sigue siendo una tarea urgente y necesaria en la búsqueda de una sociedad más justa y equitativa para todos.

De igual forma, la por los derechos LGBTQ+ ha sido una batalla constante en la búsqueda de la igualdad y el reconocimiento de la diversidad sexual y de género. A pesar de los avances logrados en algunos países, aún enfrentamos desafíos y obstáculos que requieren una reflexión crítica y un compromiso continuo.

En efecto, uno de los principales desafíos que enfrenta la comunidad LGBTQ+ es la persistente discriminación y violencia basada en la orientación sexual o identidad de género. A pesar de las leyes que buscan proteger los derechos de esta comunidad, muchas personas LGBTQ+ siguen enfrentando discriminación en el trabajo, la educación y la vida cotidiana. Los crímenes de odio contra personas LGBTQ+ resultan ser una preocupación grave en muchos lugares del mundo.

Además, la falta de reconocimiento legal de la identidad de género sigue siendo un problema para muchas personas transgénero. En muchos países, el proceso para obtener documentos de identidad que reflejen la identidad de género de una persona puede ser complicado y costoso, lo que crea barreras adicionales para su plena inclusión y participación en la sociedad.

De este modo, la aceptación y visibilidad de la diversidad sexual y de género en algunas comunidades y culturas también enfrenta resistencia y rechazo. Los estereotipos y prejuicios arraigados pueden dificultar el proceso de educación y la sensibilidad necesaria para promover el respeto y la comprensión de la diversidad.

Otro desafío crítico es la falta de acceso a servicios de salud adecuados para la comunidad LGBTQ+. Muchas personas LGBTQ+, enfrentan barreras para acceder a atención médica, especialmente en el ámbito de la salud mental y la relacionada con la identidad de género. La discriminación y el conocimiento de las necesidades específicas de salud de esta comunidad pueden tener un impacto negativo en su bienestar y calidad de vida.

En ese sentido, la falta de representación e inclusión en los medios de comunicación y la cultura también es una preocupación importante. A menudo, las personas LGBTQ+

son estereotipadas o invisibilizadas en la narrativa mediática, lo que puede perpetuar los prejuicios y contribuir a la marginación social.

Por lo tanto, es necesario reconocer que, a pesar de los avances logrados, todavía hay mucho trabajo por hacer para lograr una sociedad verdaderamente inclusiva y respetuosa de la diversidad sexual y de género. La lucha por los derechos LGBTQ+ debe ser una tarea de todos, cuestionando los prejuicios y estereotipos arraigados, promoviendo la educación inclusiva y fomentando una representación más diversa y precisa en los medios de comunicación.

Además, es esencial garantizar que las leyes y políticas de protección de los derechos LGBTQ+ se cumplan de manera efectiva y se apliquen en todos los alcances de la sociedad. Esto incluye el acceso a la justicia y la protección contra la discriminación, así como el reconocimiento legal de la identidad de género de las personas transgénero.

Asi también, la lucha por la igualdad y el reconocimiento de los derechos LGBTQ+ debe abordar también las intersecciones con otras formas de opresión y discriminación, como el racismo, el sexismo y la xenofobia. La verdadera inclusión implica reconocer y abordar las intersecciones de opresión que enfrentan muchas personas LGBTQ+ que también son parte de otras minorías marginadas.

En resumidas cuentas, aunque ha habido avances significativos en la lucha por los derechos LGBTQ+, todavía enfrentamos desafíos críticos que requieren una acción constante y comprometida. La discriminación, la violencia, la falta de reconocimiento y la falta de inclusión son realidades que surgen a muchas personas LGBTQ+ en todo el mundo.

Es necesario seguir trabajando en la sensibilización, la educación y la promoción de políticas y leyes inclusivas para construir una sociedad más justa y equitativa para todas las personas, sin importar su orientación sexual o identidad de género. La lucha por los derechos LGBTQ+ es una lucha por la justicia y la igualdad, y es responsabilidad de todos trabajar juntos para lograr un mundo donde la diversidad sea contenida y respetada.

CAPÍTULO 3: IDENTIDAD DE GÉNERO: MÁS ALLÁ DE LAS ETIQUETAS

Exploración de la identidad de género y su diversidad

La investigación de la diversidad de género y su modo de pensar es una cuestión que crece constantemente en la comunidad de hoy en día. La noción de género es el modo en el que una persona se define y se siente en relación con las clases de masculinidad y feminidad tradicionales. A lo largo de la historia, la identidad de género ha sido considerada como un constructo binario, donde una persona debe identificarse únicamente como hombre o mujer.

Sin embargo, con el crecimiento del movimiento LGBTQ+ y una mayor conciencia sobre la diversidad humana, ha surgido un enfoque más inclusivo y respetuoso que reconoce y valora la amplia variedad de identidades de género que existen.

Por demás, la identidad de género es una experiencia personal y subjetiva que puede variar significativamente de una persona a otra. Algunas personas se identifican estrictamente con el género asignado al nacer, mientras que otras pueden identificarse con un género diferente al que se les asigna al nacer. Además, hay quienes se identifican con géneros fuera del binario tradicional, como géneros no binarios, géneros fluidos o géneros agénero, entre otros.

De igual forma, la diversidad en la identidad de género es un reflejo de la diversidad inherente en la humanidad. Cada persona es única, y sus experiencias, sentimientos y expresiones de género pueden variar considerablemente. La exploración de la identidad de género puede ser un proceso complejo y en evolución, donde una persona puede descubrirse a sí misma y su auténtica identidad a lo largo del tiempo.

Es fundamental resaltar que la identidad de género no se limita a la biología o la anatomía. La identidad de género es una construcción social y personal que va más allá de las características físicas. Es una parte intrínseca de la identidad de una persona, que no siempre se corresponde con las expectativas impuestas por la sociedad en función del sexo asignado al nacer.

En efecto, la sociedad ha experimentado un cambio significativo en la comprensión y aceptación de la diversidad de identidades de género. Anteriormente, muchas identidades de género diferentes a la binaria eran ignoradas, negadas o reprimidas. Sin embargo, gracias al trabajo y la lucha de activistas y organizaciones LGBTQ+, la identidad de género diversa ha ganado visibilidad y reconocimiento.

Aunque, en varios países, se han promulgado leyes y políticas que protegen los derechos de las personas LGBTQ+ y garantizan la igualdad de trato en áreas como el empleo, la educación y la atención médica. Además, cada vez más instituciones y organizaciones han implementado políticas de inclusión y no discriminación para garantizar un ambiente respetuoso y seguro para todas las identidades de género.

Es importante destacar que la exploración de la identidad de género puede ser especialmente difícil para las personas que viven en sociedades que no reconocen o aceptan la diversidad de género. Las expectativas y normas sociales pueden crear presiones para que las personas se conformen con el género asignado al nacer, lo que puede generar angustia y alienación para aquellos que no se identifican con ese género.

La discriminación y el estigma hacia las identidades de género diversas también pueden tener consecuencias negativas para la salud mental y el bienestar emocional de las personas LGBTQ+. El rechazo y la falta de apoyo pueden llevar a problemas como la depresión, la ansiedad y el aislamiento social.

Evidentemente, la exploración de la identidad de género y su diversidad es un tema complejo y en evolución en la sociedad actual. Reconocer y valorar la diversidad de identidades de género es esencial para construir una sociedad más inclusiva y respetuosa, donde cada persona pueda vivir su auténtica identidad sin temor a la discriminación o el estigma. La lucha por la igualdad y el reconocimiento de las identidades de género diversas es una tarea colectiva que requiere educación, sensibilización y el compromiso de construir un mundo más tolerante y respetuoso con la diversidad humana.

La exploración de la identidad de género y su diversidad también ha generado controversia y resistencia en algunos sectores de la sociedad. Algunas personas pueden sentirse amenazadas o confundidas por la idea de que existen identidades de género más allá de la dicotomía tradicional de hombre y mujer. Esto ha llevado a discusiones y debates sobre la legitimidad y validez de las identidades de género diversas.

De hecho, en algunos contextos culturales y religiosos, la diversidad de identidades de género puede ser vista como una desviación o incluso como una amenaza para las normas y valores tradicionales. Esto ha llevado a la discriminación y persecución de personas LGBTQ+ en ciertos lugares del mundo, donde la identidad de género diversa es criminalizada o penalizada.

Además, la falta de educación y comprensión sobre la diversidad de género ha llevado a la propagación de mitos y estereotipos dañinos sobre las personas LGBTQ+. Estos prejuicios pueden perpetuar la discriminación y el rechazo hacia esta comunidad, lo que dificulta su inclusión y aceptación en la sociedad.

Es importante destacar que la exploración de la identidad de género puede ser un proceso complejo y desafiante para muchas personas. El miedo al rechazo social y la falta de apoyo pueden llevar a algunas personas a ocultar o negar su identidad de género, lo que puede tener consecuencias negativas para su bienestar emocional y mental.

Además, la falta de recursos y apoyo específico para las personas que están explorando su identidad de género puede ser un obstáculo significativo en su camino hacia el autodescubrimiento. La escasez de profesionales de la salud y terapeutas capacitados en temas de género puede dificultar el acceso a servicios de apoyo y orientación.

Por otro lado, en algunos contextos progresistas, la conversación sobre la diversidad de identidades de género puede verse restringida por el fenómeno del "pinkwashing" o "lavado de imagen". Algunas empresas y gobiernos pueden promover una imagen de inclusión y apoyo a la comunidad LGBTQ+ como una estrategia de relaciones públicas, sin abordar realmente los problemas estructurales y las desigualdades que enfrenta esta comunidad.

También es necesario cuestionar la apropiación de la identidad de género diversa con multas comerciales o de entretenimiento. En algunos casos, la diversidad de género puede ser utilizada como una tendencia o moda, sin un compromiso genuino con la igualdad y la justicia para la comunidad LGBTQ+.

De este modo, la falta de representación diversa en la comunidad LGBTQ+ también ha sido un tema crítico. En ocasiones, ciertas identidades de género pueden ser invisibilizadas o marginadas incluso dentro de la propia comunidad LGBTQ+. Es fundamental reconocer y valorar la diversidad de experiencias y voces dentro de la comunidad, para evitar la perpetuación de jerarquías y exclusiones.

Asi también, la exploración de la identidad de género y su diversidad ha generado debates, resistencia y desafíos en la sociedad actual. La falta de educación, los prejuicios arraigados y la discriminación persistente representan obstáculos importantes para la plena inclusión y aceptación de las identidades de género diversas.

Es necesario cuestionar y abordar críticamente estas barreras para construir una sociedad más igualitaria y respetuosa con la diversidad sexual y de género. La disputa por los derechos y la dignidad de las personas LGBTQ+ es un reclamo por la justicia y la igualdad para todos, y es fundamental continuar trabajando juntos para construir un mundo donde todas las identidades de género sean reconocidas, valoradas y respetad

Transgénero, género fluido, no binario y otras identidades de género

Las identidades de género transgénero, género fluido, no binario y otras identidades de género diversas son una parte integral de la rica y diversa diversidad humana. Estas identidades desafían las concepciones tradicionales y binarias de género, y son un reflejo de la complejidad y flexibilidad de la experiencia de género.

El término "transgénero" se refiere a las personas cuya identidad de género difiere del género asignado al nacer. Una persona transgénero puede identificarse como hombre, mujer, o con otro género que no se ajuste a las normas tradicionales. El proceso de autodescubrimiento y transición para las personas transgénero puede incluir cambios en la expresión de género, el nombre y/o la presentación física para alinearse con su identidad de género.

El género fluido, por otro lado, es una identidad de género en la que una persona experimenta una fluctuación entre diferentes identidades de género en el tiempo. Es decir, una persona puede sentirse a veces más identificada con un género específico, pero en otras ocasiones puede sentirse más cercana a otro género o incluso a ninguno en particular. Esta experiencia de género puede ser fluida y cambiante para cada individuo.

El término "no binario" se refiere a las personas cuya identidad de género no se ajusta a las categorías binarias de hombre y mujer. Las personas no binarias pueden identificarse con géneros que están fuera de este esquema tradicional o no pueden identificarse con ningún género en absoluto. Algunas personas no binarias utilizan pronombres neutros como "elle", "elle", "elles" o "ellos" en lugar de los pronombres tradicionales "él" o "ella".

Además de estas identidades, existen otras expresiones de género diversas como género agénero, bigénero, poligénero, entre otras. Cada una de estas identidades de género representa una experiencia individual y única, que debe ser válida y respetada.

A pesar de la creciente visibilidad de estas identidades de género, todavía hay un largo camino por recorrer en términos de aceptación y comprensión en la sociedad. Muchas personas transgénero, género fluido, no binarias y otras identidades de género enfrentan discriminación, estigmatización y violencia en sus vidas cotidianas.

La falta de educación y conocimiento sobre la diversidad de género puede llevar a la ignorancia y el rechazo hacia estas identidades. La invisibilización y negación de experiencias de género puede tener consecuencias negativas en la salud mental y el bienestar emocional de las personas que se identifican con estas identidades.

Sin duda, es fundamental trabajar en la sensibilización y la educación para promover la aceptación y el respeto hacia las identidades de género diversas. La creación de espacios seguros y libres de prejuicios es esencial para que las personas puedan explorar y vivir su identidad de género de manera auténtica y sin temor a la discriminación o el rechazo.

La lucha por los derechos y el reconocimiento de las personas transgénero y de otras identidades de género diversas es una tarea colectiva que requiere el compromiso de toda la sociedad. Esto incluye la promoción de políticas y leyes inclusivas que garantizan la igualdad de derechos y oportunidades para todas las identidades de género, así como la eliminación de prácticas discriminatorias en todos los límites de la vida social y económica.

Resulta claro que, las identidades de género transgénero, género fluido, no binario y otras expresiones diversas son una parte fundamental de la rica diversidad humana. Cada persona tiene el derecho de vivir su identidad de género de manera auténtica y ser reconocida y respetada en su experiencia. La lucha por la inclusión y el reconocimiento de estas identidades de género es una tarea urgente y necesaria para construir una sociedad más justa, respetuosa e igualitaria para todas las personas, independientemente de su identidad de género.

A pesar de los avances en la visibilización y reconocimiento de las identidades de género diversas, aún enfrentamos desafíos importantes en la lucha por la igualdad y la dignidad de las personas que se identifican con estas identidades. Uno de los desafíos críticos es la falta de protección legal y reconocimiento de los derechos de las personas transgénero y de otras identidades de género no binarias.

En muchos países, las personas transgénero enfrentan obstáculos legales y burocráticos para obtener el reconocimiento legal de su identidad de género. Los procesos para cambiar el género en los documentos de identidad pueden ser complicados, costosos y discriminatorios. Además, algunas jurisdicciones aún requieren la esterilización o exposición médica invasivas como requisitos para el cambio legal de género, lo que representa una violación de los derechos humanos y la autonomía corporal.

La falta de reconocimiento legal de la identidad de género puede tener consecuencias graves para la vida diaria de las personas transgénero. Puede llevar a problemas en el acceso a servicios básicos, como atención médica, educación y empleo. Además, puede exponer a las personas transgénero a un mayor riesgo de discriminación, violencia y exclusión social.

La discriminación y la violencia hacia las personas transgénero y de otras identidades de género diversas son un problema persistente en muchos lugares del mundo. La falta de comprensión y aceptación de la diversidad de género ha llevado a la propagación de prejuicios y estereotipos negativos, que pueden llevar a cabo actos de discriminación y violencia basados en la identidad de género.

En algunos casos, la discriminación y la violencia hacia las personas transgénero pueden provenir incluso de instituciones gubernamentales y autoridades encargadas de hacer cumplir la ley. Los casos de violencia policial y detenciones arbitrarias contra personas transgénero y de otras identidades de género son una preocupación creciente en muchos países.

Además, la falta de acceso a otros servicios de salud adecuados y culturalmente competentes también es un problema crítico para las personas transgénero y de identidades de género diverso. Muchas personas enfrentan dificultades para acceder a tratamientos médicos relacionados con su identidad de género, como hormonoterapia o cirugías de sostenido de género. La falta de servicios de salud inclusivos puede tener un impacto negativo en la salud física y mental de estas personas.

Es fundamental reconocer y abordar las desigualdades y privilegios que desaparecen a las personas transgénero y de otras identidades de género diversas. La lucha por la igualdad y el reconocimiento de las identidades de género diversas debe ser una tarea de todos, cuestionando y transformando las estructuras y sistemas que perpetúan la discriminación y la exclusión.

La educación y sensibilización sobre la diversidad de género son fundamentales para combatir los prejuicios y estereotipos que desaparecen a las personas transgénero y de otras identidades de género diversas. La promoción de una cultura de respeto y aceptación hacia la diversidad de género debe comenzar desde una edad temprana en las escuelas y continuar en todos los límites de la sociedad.

Además, es esencial garantizar el acceso a recursos y servicios de apoyo para las personas transgénero y de otras identidades de género diversas. Esto incluye servicios de salud inclusivos, apoyo psicológico y emocional, así como programas de inserción laboral y educativa que promuevan la inclusión y la igualdad de oportunidades.

Asimismo, a pesar de los avances en la visibilización y reconocimiento de las identidades de género diversas, todavía enfrentamos desafíos críticos en la lucha por la igualdad y la dignidad de las personas transgénero y de otras identidades de género no binarias. La discriminación, la violencia y la falta de protección legal y acceso a servicios adecuados son obstáculos importantes que deben ser abordados de manera urgente y comprometida. La lucha por los derechos y la dignidad de las personas transgénero y de otras identidades de género diversas es una tarea colectiva que requiere el compromiso de toda la sociedad para construir un mundo más justo, inclusivo y respetuoso.

CAPÍTULO 4: ORIENTACIONES SEXUALES EN EL ESPECTRO

Amplia gama de orientaciones sexuales y su comprensión

La comprensión de la amplia gama de orientaciones sexuales es un tema de suma importancia en la sociedad actual. A medida que las sociedades se vuelven más inclusivas y diversas, se ha vuelto esencial educarse y entender las diferentes formas en que las personas experimentan su sexualidad y relaciones íntimas. A lo largo de la historia, la sociedad ha tendido a considerar la heterosexualidad como la norma, pero con el tiempo y gracias a los movimientos de derechos LGBTQ+, hemos avanzado hacia una mayor aceptación y reconocimiento de otras orientaciones sexuales.

Una orientación sexual es la atracción emocional, romántica y/o sexual que una persona siente hacia otras personas. Si bien la heterosexualidad implica sentir atracción por personas del sexo opuesto, hay muchas otras orientaciones, como la homosexualidad, la bisexualidad, la pansexualidad, la asexualidad, entre otras. Es fundamental comprender que estas orientaciones sexuales no son opciones o elecciones, sino aspectos inherentes de la identidad de cada individuo.

En este contexto, la educación juega un papel crucial. Las instituciones educativas deben proporcionar información precisa y actualizada sobre las diferentes orientaciones sexuales y fomentar un ambiente de respeto y tolerancia. Algunas personas pueden tener dificultades para entender o aceptar las orientaciones sexuales que no conocen o no entienden, por lo que la educación puede ayudar a superar los prejuicios y la discriminación.

También, la diversidad de orientaciones sexuales también se refleja en el lenguaje y las etiquetas que las personas utilizan para describir su identidad. Es importante respetar y utilizar los términos con los que cada individuo se sienta cómodo. Algunos pueden identificarse como lesbianas, gays, bisexuales, transgénero, queer, entre otros términos, y cada uno de ellos refleja una experiencia única y válida.

El reconocimiento y la comprensión de la diversidad sexual también son esenciales en el ámbito de la salud mental. La discriminación y el estigma hacia las personas con orientaciones sexuales no normativas pueden tener un impacto significativo en su bienestar emocional. Los profesionales de la salud deben ser sensibles a estas cuestiones y brindar un apoyo adecuado a sus pacientes, independientemente de su orientación sexual.

Además, es crucial que las políticas y leyes reflejen la diversidad de orientaciones sexuales y protejan los derechos de todas las personas. Los matrimonios igualitarios, la adopción por parte de parejas del mismo sexo y la protección contra la discriminación son algunos ejemplos de medidas que han sido implementadas en muchas sociedades para avanzar hacia una mayor igualdad y justicia.

Es relevante destacar que la comprensión de la amplia gama de orientaciones sexuales es un proceso continuo y en constante evolución. A medida que aprendemos más sobre la sexualidad humana, es fundamental mantener una mente abierta y estar dispuesta a desafiar nuestras propias creencias y prejuicios.

En síntesis, la comprensión de la amplia gama de orientaciones sexuales es esencial para construir una sociedad más inclusiva, respetuosa y justa. El respeto, y el reconocimiento de la diversidad sexual son pasos fundamentales hacia el logro de una convivencia armónica en la que cada individuo pueda expresar y vivir su identidad de forma auténtica y sin temor a la educación y la discriminación o el rechazo.

De acuerdo con lo anterior, se entiende, la comprensión y aceptación de la amplia gama de orientaciones sexuales son fundamentales para promover la igualdad y los derechos humanos. Aunque hemos avanzado significativamente en la lucha por los derechos LGBTQ+, todavía enfrentamos desafíos importantes en muchos lugares del mundo.

Una de las principales críticas que enfrentamos es la persistencia de actitudes homofóbicas y transfóbicas en ciertos sectores de la sociedad. Estas actitudes, en ocasiones promovidas por creencias religiosas o culturales, pueden conducir a la marginación y persecución de individuos LGBTQ+. Es imprescindible abordar estas creencias desde una perspectiva de respeto a los derechos humanos y promover la empatía y el entendimiento mutuo.

Además, la falta de educación adecuada y la desinformación sobre las distintas orientaciones sexuales pueden contribuir a la discriminación y al estigma. En muchas ocasiones, esto lleva a la invisibilidad y negación de la existencia de personas con orientaciones no heterosexuales o cisgénero. La educación es una herramienta poderosa para superar estos obstáculos y para fomentar el respeto y la aceptación de la diversidad sexual.

Otra crítica importante es la falta de protección legal en algunas jurisdicciones para las personas LGBTQ+. A pesar de los avances en muchos países, aún existen lugares donde la homosexualidad o la expresión de género no normativa son criminalizadas y castigadas con severidad. Esto viola los derechos humanos fundamentales y es una muestra clara de la discriminación institucionalizada.

En algunos casos, los prejuicios y la discriminación también se reflejan en el ámbito laboral, lo que puede llevar a la exclusión y la falta de oportunidades de desarrollo para personas LGBTQ+. La invisibilidad en el lugar de trabajo puede afectar negativamente el bienestar emocional y la productividad de las personas, creando un ambiente hostil y excluyente.

Es importante destacar que la aceptación de la diversidad sexual no debe ser una cuestión exclusiva de la comunidad LGBTQ+. Todos tenemos la responsabilidad de promover una sociedad inclusiva y justa, libre de prejuicios y discriminación. La alianza entre personas heterosexuales y cisgénero y personas LGBTQ+ es esencial para construir un mundo más tolerante y respetuoso.

A pesar de los desafíos y las críticas, también es importante reconocer los avances significativos en la comprensión y aceptación de la diversidad sexual en muchos lugares. Cada vez más personas y organizaciones se están uniendo para promover los derechos de la comunidad LGBTQ+ y para crear espacios seguros e inclusivos para todos.

En efeto, el acceso a información precisa y actualizada sobre las distintas orientaciones sexuales es esencial para promover la comprensión y la empatía. La educación sobre diversidad sexual debería ser parte del currículo escolar, ayudando a combatir la homofobia y la transfobia desde temprana edad.

En resumidas cuentas, la comprensión de la amplia gama de orientaciones sexuales y la lucha por la igualdad de derechos son desafíos fundamentales en la construcción de una sociedad más justa e inclusiva. La educación, el respeto mutuo y la promoción de leyes que protegen los derechos humanos son aspectos clave en este proceso. Aunque todavía enfrentamos críticas y obstáculos, es necesario seguir avanzando hacia una sociedad donde todas las personas puedan vivir libremente su identidad sexual sin temor a la discriminación o el rechazo. Solo a través del esfuerzo colectivo y la solidaridad podemos lograr un mundo más equitativo y respetuoso para todas las personas, independientemente de su orientación sexual o identidad de género.

Rompiendo mitos y estereotipos sobre la sexualidad

Una de las principales críticas que enfrentamos es la persistencia de actitudes homofóbicas y transfóbicas en ciertos sectores de la sociedad. Estas actitudes, en ocasiones promovidas por creencias religiosas o culturales, pueden conducir a la marginación y persecución de individuos LGBTQ+. Es imprescindible abordar estas creencias desde una perspectiva de respeto a los derechos humanos y promover la empatía y el entendimiento mutuo.

Asimismo, la falta de educación adecuada y la desinformación sobre las distintas orientaciones sexuales pueden contribuir a la discriminación y al estigma. En muchas ocasiones, esto lleva a la invisibilidad y negación de la existencia de personas con orientaciones no heterosexuales o cisgénero. La educación es una herramienta poderosa para superar estos obstáculos y para fomentar el respeto y la aceptación de la diversidad sexual.

Otra crítica importante es la falta de protección legal en algunas jurisdicciones para las personas LGBTQ+. A pesar de los avances en muchos países, aún existen lugares donde la homosexualidad o la expresión de género no normativa son criminalizadas y castigadas con severidad. Esto viola los derechos humanos fundamentales y es una muestra clara de la discriminación institucionalizada.

Es importante destacar que la aceptación de la diversidad sexual no debe ser una cuestión exclusiva de la comunidad LGBTQ+. Todos tenemos la responsabilidad de promover una sociedad inclusiva y justa, libre de prejuicios y discriminación. La alianza entre personas heterosexuales y cisgénero y personas LGBTQ+ es esencial para construir un mundo más tolerante y respetuoso.

A pesar de los desafíos y las críticas, también es importante reconocer los avances significativos en la comprensión y aceptación de la diversidad sexual en muchos lugares. Cada vez más personas y organizaciones se están uniendo para promover los derechos de la comunidad LGBTQ+ y para crear espacios seguros e inclusivos para todos.

El acceso a información precisa y actualizada sobre las distintas orientaciones sexuales es esencial para promover la comprensión y la empatía. La educación sobre diversidad sexual debería ser parte del currículo escolar, ayudando a combatir la homofobia y la transfobia desde temprana edad.

Dicho de otro modo, la comprensión de la amplia gama de orientaciones sexuales y la lucha por la igualdad de derechos son desafíos fundamentales en la construcción de una sociedad más justa e inclusiva. La educación, el respeto mutuo y la promoción de leyes que protegen los derechos humanos son aspectos clave en este proceso. Aunque todavía enfrentamos críticas y obstáculos, es necesario seguir avanzando hacia una sociedad donde todas las personas puedan vivir libremente su identidad sexual sin temor a la discriminación o el rechazo. Solo a través del esfuerzo colectivo y la solidaridad podemos lograr un mundo más equitativo y respetuoso para todas las personas, independientemente de su orientación sexual o identidad de género.

Debe señalarse que, romper mitos y estereotipos sobre la sexualidad es esencial para promover una comprensión más completa y respetuosa de este aspecto fundamental de la vida humana. A lo largo de la historia, las sociedades han perpetuado numerosos prejuicios y conceptos erróneos sobre la sexualidad, lo que ha llevado a la discriminación y la desinformación. A continuación, exploraremos algunos mitos comunes y cómo podemos superarlos para alcanzar una visión más inclusiva y abierta sobre la sexualidad

En efecto, uno de los mitos más extendidos es que solo existen dos orientaciones sexuales: heterosexualidad y homosexualidad. La realidad es que la orientación sexual se encuentra en un espectro, con una amplia gama de posibilidades, como la bisexualidad, la pansexualidad, la asexualidad, entre otras. Es importante reconocer y respetar esta diversidad, ya que cada orientación es válida y legítima.

Otro mito frecuente es la creencia de que la identidad de género está estrictamente ligada al sexo biológico. La verdad es que la identidad de género es una experiencia interna y personal, que no puede corresponder a pesar de las características físicas de una persona. El género es una construcción social y cultural, y puede ser fluido y cambiante. Es esencial respetar y apoyar la identidad de género que cada individuo se sienta como propia.

Un estereotipo perjudicial relacionado con la sexualidad es la asociación de determinados comportamientos o intereses con una orientación sexual específica. Por ejemplo, asumir que todas las personas homosexuales tienen determinadas características o intereses particulares es erróneo y limitante. Cada persona es única y no hay un conjunto de rasgos que defina su orientación sexual.

Otra ficción común es la idea de que la sexualidad es estática y no cambia a lo largo del tiempo. En realidad, la sexualidad es un aspecto complejo y puede evolucionar a lo largo de la vida de una persona. Las experiencias, las relaciones y las interacciones sociales pueden influir en la forma en que una persona comprende y vive su sexualidad.

En mi opinión, la creencia de que la sexualidad es algo que debe estabilizarse en privado también es un estereotipo arraigado en algunas culturas. La sexualidad es una parte natural de la experiencia humana y debe ser discutida abiertamente y sin tabúes. La falta de diálogo y educación sobre la sexualidad puede llevar a cabo a la desinformación y la perpetuación de mitos y estereotipos.

Para romper estos mitos y estereotipos, es fundamental promover una educación sexual integral y basada en evidencia. Los programas educativos deben ser inclusivos, respetuosos y abordar la diversidad de orientaciones sexuales e identidades de género. Además, es esencial fomentar un ambiente de respeto y empatía, donde las personas se sientan seguras y libres de expresar su identidad sexual sin temor a la discriminación.

Ahora bien, los medios de comunicación y la cultura popular también juegan un papel crucial en la representación de la sexualidad. Es fundamental que las representaciones de la sexualidad en los medios sean precisas, respetuosas y alejadas de los estereotipos dañinos. La diversidad de orientaciones sexuales e identidades de género debe estar presente en todas las formas de medios, promoviendo así una comprensión más realista y compasiva.

Por consiguiente, romper mitos y estereotipos sobre la sexualidad es un paso esencial hacia la construcción de una sociedad más inclusiva y respetuosa. La educación, el diálogo abierto y la promoción de representaciones precisas en los medios son herramientas poderosas para superar los prejuicios y promover una comprensión más amplia y empática de la diversidad sexual. Al desafiar y cuestionar estos mitos, podemos avanzar hacia una sociedad que celebre y respete la riqueza de la sexualidad humana en todas sus formas.

Por tanto, además de promover una educación sexual inclusiva y fomentar representaciones precisas en los medios, también es crucial desafiar y cuestionar los mitos y estereotipos en nuestras interacciones cotidianas. Esto implica estar preparado para escuchar y aprender de las experiencias y perspectivas de las personas LGBTQ+ y estar abiertos para cambiar nuestras creencias arraigadas.

En ese sentido, es importante reconocer que la perpetuación de mitos y estereotipos sobre la sexualidad puede tener consecuencias negativas para las personas afectadas. Los estereotipos pueden llevar a la estigmatización ya la exclusión social, lo que puede afectar la autoestima y el bienestar emocional de las personas LGBTQ+. En algunos casos extremos, estas actitudes negativas pueden incluso dar lugar a violencia y discriminación.

De ese modo, es esencial desarrollar empatía y compasión hacia las experiencias de las personas LGBTQ+ y reconocer que sus identidades y relaciones son igualmente válidas y respetables. Solo a través del respeto mutuo y la aceptación de la diversidad sexual podemos construir una sociedad más justa y equitativa para todos.

Al mismo tiempo de cuestionar los estereotipos, también debemos ser conscientes de cómo nuestras propias palabras y acciones pueden influir en los demás. El lenguaje que utilizamos puede tener un impacto significativo en cómo se perciben y se aceptan las identidades sexuales y de género. Es importante utilizar un lenguaje inclusivo y respetuoso que refleje la diversidad de las experiencias humanas.

La representación positiva de las personas LGBTQ+ en los medios de comunicación y en la cultura popular es otro aspecto crucial para romper los estereotipos y promover la aceptación. Cuando las personas LGBTQ+ se ven representadas de manera justa y respetuosa, se envía un mensaje poderoso de inclusión y aceptación a toda la sociedad.

Es responsabilidad de todos contribuir a la eliminación de los mitos y estereotipos sobre la sexualidad. Como individuos, podemos educarnos, reflexionar sobre nuestros propios prejuicios y desafiar las ideas anómalas que podamos tener. Como sociedad, debemos abogar por políticas y leyes que protejan los derechos de las personas LGBTQ+ y promuevan la igualdad de oportunidades.

Además, es esencial que las instituciones, como las escuelas y los lugares de trabajo, establezcan políticas y prácticas inclusivas que garanticen un ambiente seguro y respetuoso para todas las personas, independientemente de su orientación sexual o identidad de género.

Por tanto, romper mitos y estereotipos sobre la sexualidad es un proceso continuo que requiere el esfuerzo de toda la sociedad. La educación, la empatía y el respeto son fundamentales para avanzar hacia una cultura que celebre la diversidad sexual y promueva la igualdad de derechos. Al desafiar los prejuicios y cuestionar las creencias erróneas, podemos crear un entorno donde todas las personas se sientan valoradas y respetadas por quienes son, sin importar su orientación sexual o identidad de género. Solo a través de la aceptación y la inclusión genuina podemos alcanzar una sociedad más justa y compasiva para todos.

La crítica y argumentación son fundamentales para analizar y cuestionar aspectos de nuestra sociedad que requieren mejoras y cambios. En el contexto de la sexualidad, existen diversos temas que merecen una reflexión profunda y una crítica constructiva para avanzar hacia una sociedad más justa e inclusiva.

Una de las principales críticas que podemos hacer es la persistencia de la discriminación y la violencia contra las personas LGBTQ+. Aunque hemos avanzado en términos de derechos y aceptación en muchas partes del mundo, todavía enfrentamos casos de discriminación, acoso y agresiones basados en la orientación sexual o identidad de género. Esta realidad es inaceptable y requiere una acción colectiva para crear un ambiente seguro y respetuoso,

Otro aspecto crítico es la falta de educación sexual integral en muchos lugares. La educación sexual debe ir más allá de los aspectos y abordar la diversidad de orientaciones sexuales e identidades de género. La falta de información adecuada contribuye a la perpetuación de mitos y estereotipos sobre la sexualidad y puede conducir a la discriminación y el rechazo.

Asimismo, la representación mediática de la sexualidad puede ser objeto de crítica. A menudo, los medios de comunicación perpetúan estereotipos y retratan la sexualidad de manera superficial o sesgada. La sexualización excesiva de ciertas orientaciones sexuales o la invisibilización de otras puede tener efectos negativos en la percepción y aceptación de la diversidad sexual.

En algunos contextos, también podemos observar una crítica a las políticas y leyes que no protegen adecuadamente los derechos de las personas LGBTQ+. La falta de reconocimiento legal de ciertas orientaciones sexuales o identidades de género puede llevar a la discriminación y la marginación. Es fundamental que las leyes protejan los derechos humanos de todas las personas, independientemente de su orientación sexual o identidad de género.

Además, es importante cuestionar la influencia de los prejuicios y creencias culturales en la percepción de la sexualidad. Muchas veces, los prejuicios arraigados en la sociedad se reflejan en actitudes discriminatorias hacia las personas LGBTQ+. Superar estos prejuicios requiere un esfuerzo constante para desafiar las creencias establecidas y promover la comprensión y empatía hacia la diversidad sexual.

En términos de salud mental, también es necesario abordar las críticas relacionadas con la falta de apoyo y acceso a servicios de salud adecuados para las personas LGBTQ+. Muchas personas enfrentan barreras para acceder a atención médica inclusiva y respetuosa, lo que puede tener un impacto negativo en su bienestar emocional y físico.

Para superar estas críticas y avanzar hacia una sociedad más inclusiva, es necesario promover cambios a nivel individual y estructural. A nivel individual, debemos cuestionar nuestros propios prejuicios y educarnos sobre la diversidad sexual para fomentar una actitud de respeto y aceptación. A nivel estructural, es esencial promulgar políticas y leyes que protejan los derechos de las personas LGBTQ+ y que garanticen un acceso equitativo a servicios de salud y educación sexual integral.

Por lo demás, la lucha por una sociedad más justa e inclusiva es responsabilidad de todos. Al cuestionar y analizar críticamente los aspectos problemáticos de nuestra cultura y estructura social, podemos identificar áreas de mejora y trabajar juntos para promover la aceptación y el respeto hacia la diversidad sexual. Solo a través de la crítica constructiva y la acción colectiva podemos construir un futuro donde todas las personas pueden vivir libremente su identidad sexual sin temor a la discriminación o el rechazo

CAPÍTULO 5: CONSTRUCCIÓN SOCIAL DE LOS ROLES DE GÉNERO

El impacto de las normas y expectativas de género en la sociedad

Las normas y expectativas de género han tenido un profundo impacto en la sociedad a lo largo de la historia. Estas normas son construcciones culturales que dictan cómo se supone que deben comportarse, expresarse y relacionarse las personas en función de su género asignado. El resultado es una división rígida y estereotipada de roles y comportamientos, lo que ha llevado a la desigualdad de género ya la perpetuación de estereotipos dañinos.

Uno de los impactos más evidentes de las normas y expectativas de género es la desigualdad entre hombres y mujeres. Las expectativas tradicionales suelen asignar a las mujeres roles centrados en el cuidado del hogar y la crianza de los hijos, mientras que se espera que los hombres sean proveedores y tengan roles de liderazgo en la sociedad. Esto ha llevado a la subrepresentación de las mujeres en ciertos campos y posiciones de poder, así como a una brecha salarial persistente.

Además, las normas de género también influyen en la percepción y la valoración de ciertos comportamientos y características. Por ejemplo, se espera que los hombres sean fuertes, dominantes y racionales, mientras que las mujeres se asocian con características como la sensibilidad, la empatía y la sumisión. Estos estereotipos limitan la libertad de expresión y el desarrollo pleno de las personas, ya que aquellos que no se ajustan a estas normas pueden ser objeto de discriminación y rechazo.

Otro impacto significativo de las normas de género es en la salud mental de las personas. Aquellas que se sienten presionadas a cumplir con las expectativas de género pueden experimentar ansiedad, depresión y baja autoestima. Los roles rígidos de género también pueden contribuir a la invisibilidad y negación de la identidad de género de las personas transgénero o no se conforma con el género asignado al nacer, lo que puede tener graves consecuencias para su bienestar emocional.

Las normas y expectativas de género también surgen de las relaciones interpersonales y la dinámica familiar. Los roles asignados a cada género pueden generar conflictos y desequilibrios en las relaciones, ya que se espera que cada miembro de la pareja cumpla con ciertas responsabilidades y comportamientos. Además, la socialización basada en el género puede limitar las posibilidades de desarrollar relaciones significativas y plenas, ya que las personas pueden ser rechazadas o juzgadas por salirse de las normas establecidas.

En el ámbito educativo, las expectativas de género también pueden tener un impacto negativo. Los estereotipos de género pueden influir en las decisiones de carrera y en la elección de áreas de estudio, lo que puede limitar las oportunidades de las personas para desarrollar su potencial en ciertos campos. Además, la discriminación y el acoso basado en el género pueden afectar el rendimiento académico y el bienestar emocional de los estudiantes.

Para abordar el impacto negativo de las normas y expectativas de género en la sociedad, es esencial promover una educación que fomente la igualdad de género y el respeto a la diversidad. Es necesario desafiar los estereotipos de género desde una edad temprana y crear espacios seguros donde las personas puedan explorar y expresar su identidad de género de manera libre y auténtica.

Además, es crucial abogar por políticas y leyes que protejan los derechos de todas las personas, independientemente de su género, y que promuevan la igualdad de oportunidades en todos los ámbitos de la sociedad. La eliminación de las normas y expectativas de género rígidas y estereotipadas es un paso fundamental para avanzar hacia una sociedad más justa, inclusiva y respetuosa con la diversidad de identidades de género y expresiones. Al cuestionar y transformar estas normas, podemos crear un futuro donde cada individuo pueda vivir libremente su identidad de género y ser valorado por sus habilidades y cualidades, en lugar de verso limitado por estereotipos y roles predefinidos.

Para continuar abordando el impacto de las normas y expectativas de género en la sociedad, es importante destacar cómo estas influencias afectan también a la salud sexual y reproductiva de las personas. Las expectativas de género pueden limitar el acceso y el conocimiento sobre temas de salud sexual y reproductiva, lo que puede conducir a la falta de información ya decisiones poco informadas sobre la anticoncepción, la prevención de enfermedades de transmisión sexual y la salud ginecológica.

Conjuntamente, las normas de género pueden llevar a la presión para seguir ciertos roles sexuales en la intimidad de las relaciones. Se espera que los hombres sean siempre sexualmente activos y que las mujeres sean pasivas o reacias a expresar sus deseos y necesidades. Esta visión estereotipada de la sexualidad puede afectar la calidad de las relaciones íntimas y la satisfacción sexual de las personas.

Otro impacto significativo de las normas de género es en la violencia de género. La perpetuación de roles rígidos y estereotipados puede contribuir a la normalización de comportamientos violentos y coercitivos en las relaciones. La desigualdad de poder basada en el género puede llevar a situaciones de abuso y violencia, especialmente contra las mujeres y las personas LGBTQ+.

Las normas y expectativas de género también influyen en el desarrollo de la identidad de género en los niños y adolescentes. Las presiones sociales pueden para cumplir con los roles asignados a la represión de la verdadera identidad de género de una persona. Esto puede generar confusión, ansiedad y una lucha interna para encontrar una identidad auténtica y en sintonía con quienes realmente son.

Es importante señalar que las normas y expectativas de género también descienden a los hombres, ya que se espera que sean emocionalmente distantes y resuelvan los problemas a través de la agresividad. Esta concepción de masculinidad puede dificultar que los hombres expresen sus emociones y busquen ayuda cuando la necesiten, lo que puede afectar negativamente su bienestar emocional.

Para abordar estos impactos negativos, es esencial promover una redefinición de los roles de género y una visión más igualitaria y diversa de la sexualidad y las identidades de género. Es necesario cuestionar y desafiar las normas y expectativas que perpetúan desigualdades y estereotipos dañinos.

Asimismo, es fundamental promover la educación en torno a la diversidad de género y sexualidad desde una edad temprana. Esto ayudará a que las personas crezcan con una comprensión más respetuosa y empática hacia la diversidad y promoverá la aceptación y el respeto hacia todas las identidades de género y expresiones.

Las políticas y leyes que protegen los derechos de todas las personas, independientemente de su género, son fundamentales para crear una sociedad más justa e inclusiva. Esto implica luchar contra la discriminación de género en todas sus formas y promover la igualdad de oportunidades para todos.

No obstante, las normas y expectativas de género tienen un impacto profundo en la sociedad, deteriorando áreas, como la desigualdad de género, la salud sexual y reproductiva, la violencia de género y el desarrollo de la identidad de género. Es fundamental cuestionar y desafiar estas normas para avanzar hacia una sociedad más justa, igualitaria y respetuosa con la diversidad de identidades de género y expresiones. Solo a través de la educación, la empatía y la lucha por la igualdad de género podemos construir un futuro donde todas las personas puedan vivir libremente su identidad de género y sexualidad sin temor a la discriminación o la violencia.

Continuando con la crítica y argumentación sobre el impacto de las normas y expectativas de género en la sociedad, es necesario abordar cómo estas influencias también evolucionan a la salud mental de las personas. La presión para ajustarse a los roles de género asignados puede generar ansiedad, depresión y una sensación de alienación en aquellos que no se identifican con dichos roles. La falta de aceptación y apoyo hacia las personas LGBTQ+ y aquellos que desafían las normas de género pueden generar sentimientos de aislamiento y baja autoestima.

Además, las normas y expectativas de género pueden tener un impacto negativo en la autoestima y la percepción del propio cuerpo. Muchas personas, especialmente las mujeres, enfrentan una presión constante para cumplir con estándares poco realistas de belleza y feminidad. Esto puede llevar a la insatisfacción corporal ya una búsqueda obsesiva por alcanzar dichos estándares, lo que puede tener graves consecuencias para la salud física y emocional.

Otro aspecto crítico es la influencia de las normas de género en la toma de decisiones relacionadas con la vida personal y profesional. Las expectativas de género pueden llevar a que las mujeres sean desalentadas o limitadas en sus aspiraciones profesionales, lo que se conoce como el "techo de cristal". Asimismo, los hombres pueden sentirse presionados a sacrificar su bienestar emocional y su vida familiar en busca de éxito y estatus.

En el ámbito de la crianza y la educación de los niños, las normas de género también juegan un papel significativo. Las expectativas de género pueden limitar las oportunidades de desarrollo de habilidades y talentos individuales, ya que los niños pueden ser dirigidos hacia actividades o intereses específicos según su género asignado. Esto limita la capacidad de los niños para explorar y desarrollar sus intereses personales de manera libre y auténtica.

Igualmente, las normas y expectativas de género también tienen un impacto en la violencia de género y en la discriminación contra las personas LGBTQ+. La percepción de que ciertas identidades de género son inferiores o inaceptables puede llevar a actitudes discriminatorias y violentas. La discriminación y la violencia basada en el género son violaciones graves de los derechos humanos y deben ser abordadas de manera contundente por parte de la sociedad y las autoridades.

Para superar estos impactos negativos, es necesario promover una cultura de igualdad de género y de respeto a la diversidad sexual. Es esencial educar a la sociedad sobre los estereotipos y prejuicios de género para fomentar una comprensión más profunda y respetuosa de las diferentes identidades y expresiones de género.

Al mismo tiempo, es fundamental promover el empoderamiento de las personas para que puedan vivir auténticamente y expresar su identidad de género de manera libre y segura. Esto implica la creación de espacios seguros y respetuosos donde todas las personas pueden ser aceptadas y valoradas por quienes son, independientemente de su género u orientación sexual.

En términos de políticas y leyes, es necesario implementar medidas que protejan los derechos de las personas LGBTQ+ y promuevan la igualdad de género en todos los alrededores de la sociedad. Esto incluye políticas que combaten la discriminación y la violencia de género, así como medidas que promueven la igualdad de oportunidades en el ámbito laboral y educativo.

En definitiva, las normas y expectativas de género tienen un impacto significativo en la sociedad, deteriorado la igualdad de género, la salud mental, la toma de decisiones, la crianza de los niños y la discriminación. Es crucial cuestionar y desafiar estas normas para avanzar hacia una sociedad más justa, inclusiva y respetuosa con la diversidad de identidades de género y expresiones. Solo a través de la educación, el empoderamiento y la lucha por la igualdad de género podemos construir un futuro donde todas las personas puedan vivir auténticamente y ser valoradas por quienes son, sin temor a la discriminación o la violencia basada en su género o sexualidad.

Reflexiones sobre los roles de género y su influencia en la diversidad sexual

Los roles de género son construcciones sociales que dictan cómo se supone que deben comportarse, expresarse y relacionarse las personas en función de su género asignado. Estos roles han sido establecidos y perpetuados a lo largo de la historia y han tenido un impacto significativo en la diversidad sexual y en la forma en que las diferentes orientaciones sexuales son percibidas y aceptadas en la sociedad.

Uno de los aspectos más destacados de la influencia de los roles de género en la diversidad sexual es la estigmatización y discriminación que enfrentan las personas que no se ajustan a las normas tradicionales de género. Las expectativas rígidas sobre cómo debe ser la sexualidad según el género asignado pueden llevar a que las personas LGBTQ+ sean marginadas y excluidas, ya que no cumplen con los roles y estereotipos tradicionales.

Por ejemplo, los hombres que no cumplen con los estereotipos de masculinidad tradicional pueden ser vistos como débiles o inferiores, mientras que las mujeres que desafían los roles tradicionales pueden ser juzgadas y estigmatizadas. Esto crea un ambiente hostil y excluyente para aquellos que no se ajustan a las normas de género establecidas, lo que afecta negativamente su bienestar emocional y mental.

La influencia de los roles de género también puede llevar a cabo a la negación de la diversidad sexual. La insistencia en que solo existen dos géneros y dos orientaciones sexuales (heterosexualidad y homosexualidad) puede dejar de lado la realidad de la rica y amplio grado de identidades de género y expresiones sexuales que existen en la sociedad.

Además, la presión para cumplir con las expectativas de género puede llevar a cabo que las personas repriman su verdadera identidad sexual o de género. La falta de aceptación y apoyo para aquellos que desafían las normas de género puede generar un sentimiento de vergüenza y culpa en aquellos que luchan por expresar su verdadero yo, lo que puede tener consecuencias negativas para su bienestar y felicidad.

Es esencial reflexionar sobre cómo los roles de género influyen en la percepción de la diversidad sexual y cómo podemos crear una sociedad más inclusiva y respetuosa para todas las personas, independientemente de su orientación sexual o identidad de género.

Una de las formas de abordar esta influencia es a través de una educación integral sobre diversidad sexual y de género. La educación temprana y continua sobre las diferentes orientaciones sexuales e identidades de género puede fomentar una comprensión más respetuosa y empática hacia la diversidad de las experiencias humanas.

Además, es importante cuestionar y desafiar los estereotipos de género y las expectativas tradicionales sobre la sexualidad. Debemos promover una visión más inclusiva y flexible de los roles de género, que permita a las personas expresar su identidad de manera libre y legítima.

La representación positiva de la diversidad sexual en los medios de comunicación y en la cultura popular también es fundamental para cambiar la percepción y aceptación de la diversidad sexual. Cuando las personas LGBTQ+ se ven representadas de manera justa y respetuosa, se envía un mensaje enérgico de inclusión y aceptación a toda la sociedad.

En términos de políticas y leyes, es necesario promulgar medidas que protejan los derechos de las personas LGBTQ+ y promuevan la igualdad de género en todos los límites de la sociedad. Esto incluye la lucha contra la discriminación de género y sexual, así como la promoción de medidas que garantizan la igualdad de oportunidades para todas las personas, independientemente de su orientación sexual o identidad de género.

En conclusión, los roles de género tienen una influencia significativa en la percepción y aceptación de la diversidad sexual. La rigidez de estas normas puede llevar a la estigmatización y discriminación de las personas LGBTQ+ y limitar la libertad de expresión de su identidad sexual o de género. Es esencial reflexionar sobre esta influencia y trabajar juntos para crear una sociedad más inclusiva, respetuosa y aceptante de la diversidad sexual y de género. Solo a través de la educación, la empatía y el cambio social podemos construir un futuro donde todas las personas puedan vivir libremente su identidad sexual y de género sin temor a la discriminación o el rechazo.

Además de promover la educación y la visibilidad de la diversidad sexual, también es fundamental cuestionar la forma en que las instituciones sociales y culturales perpetúan y refuerzan los roles de género tradicionales. Las instituciones como la familia, la escuela, la religión y los medios de comunicación desempeñan un papel importante en la socialización y en la internalización de las normas de género.

En muchos casos, la socialización de género comienza desde una edad temprana, cuando se enseña a los niños cómo deben comportarse y qué intereses y habilidades son apropiados para su género asignado. Estas expectativas pueden limitar el desarrollo individual y la exploración de intereses y talentos únicos en cada persona.

La educación y el sistema escolar también pueden reforzar los roles de género tradicionales a través de la segregación de actividades y roles por género, así como la falta de inclusión y reconocimiento de las identidades de género diversas. Es esencial que las escuelas promuevan una cultura de respeto y aceptación, donde todas las identidades de género sean valoradas y respetadas.

La religión también puede influir en las normas de género y en la percepción de la diversidad sexual. Algunas interpretaciones religiosas pueden condenar la homosexualidad y otras identidades de género, lo que puede llevar a la discriminación y la exclusión de las personas LGBTQ+ en algunas comunidades religiosas. Es fundamental promover una interpretación inclusiva y respetuosa de la religión que valore la diversidad y la dignidad de todos.

Por otro lado, los medios de comunicación desempeñan un papel clave en la construcción de estereotipos de género y en la representación de la diversidad sexual. La falta de representación y la presencia de representaciones negativas o estigmatizantes pueden influir en la percepción de la sociedad sobre las personas LGBTQ+ y reforzar los prejuicios y la discriminación.

Para abordar esta influencia de las instituciones sociales y culturales, es necesario promover el cambio desde diferentes niveles. En primer lugar, se deben implementar políticas y programas educativos que fomenten una educación inclusiva y respetuosa de la diversidad sexual y de género en las escuelas.

Asimismo, es importante que las instituciones religiosas promuevan una interpretación más inclusiva de la religión, que respete y valore la diversidad de identidades y orientaciones sexuales.

En cuanto a los medios de comunicación, es necesario fomentar la representación positiva y realista de las personas LGBTQ+ y promover la producción de contenido que desafíe los estereotipos de género y que refleje la diversidad de la sociedad.

Además, es fundamental fomentar la participación y el liderazgo de las personas LGBTQ+ en todas las áreas de la sociedad, incluyendo la política, la ciencia, el arte y los medios de comunicación. Esto ayudará a promover una mayor comprensión y aceptación de la diversidad sexual y de género ya empoderar a las personas LGBTQ+ para que vivan libremente y sin miedo a la discriminación.

Por tanto, los roles de género tienen una influencia significativa en la diversidad sexual y en la forma en que la sociedad percibe y acepta a las personas LGBTQ+. La rigidez de estas normas puede llevar a la discriminación, la exclusión y la violencia hacia aquellos que no se ajustan a los estereotipos tradicionales.

Es esencial reflexionar sobre la influencia de las instituciones sociales y culturales en la perpetuación de estas normas y trabajar juntos para promover una sociedad más inclusiva, respetuosa y aceptante de la diversidad sexual y de género.

Por qué, solo a través de la educación, el cambio cultural y el empoderamiento de las personas LGBTQ+ podemos construir un futuro donde todas las personas puedan vivir auténticamente y ser valoradas por quienes son, sin temor a la discriminación o el rechazo debido a su orientación sexual o identidad de género.

CAPÍTULO 6: HISTORIA DE LA DIVERSIDAD SEXUAL Y DE GÉNERO

Contexto histórico de la lucha por los derechos LGBTQ+

Antes del movimiento por los derechos LGBTQ+, las relaciones homosexuales y las identidades de género no conformes eran criminalizadas y consideradas inmorales en muchos países. La homosexualidad era catalogada como una enfermedad mental en algunos sistemas de clasificación médica, lo que permitía la persecución y el abuso de las personas LGBTQ+.

El inicio del movimiento por los derechos LGBTQ+ se puede remontar a los disturbios de Stonewall en Nueva York en 1969. En este evento, las personas LGBTQ+ se levantaron contra una redada policial en el bar Stone Wall Inn y comenzaron una serie de protestas que duraron varios días. Estos disturbios marcaron el inicio de una lucha por la igualdad de derechos y la visibilidad de la comunidad LGBTQ+.

A partir de entonces, el movimiento por los derechos LGBTQ+ se fortaleció por todo el mundo, con activistas que lucharon por la despenalización de la homosexualidad, la protección contra la discriminación y la igualdad de matrimonio. A medida que la lucha avanzaba, se lograron avances significativos en muchos países, con la despenalización de la homosexualidad y la promulgación de leyes que protegían contra la discriminación basada en la orientación sexual o identidad de género.

Sin embargo, la lucha por los derechos LGBTQ+ también ha enfrentado resistencia y retrocesos en algunos lugares. A lo largo de los años, ha habido movimientos conservadores y fundamentalistas que han intentado revertir los avances logrados y perpetuar la discriminación y el estigma hacia las personas LGBTQ+.

A pesar de los desafíos, el movimiento por los derechos LGBTQ+ ha continuado creciendo y ganando fuerza a nivel global. La comunidad LGBTQ+ y sus aliados han organizado marchas, protestas y campañas de concientización para luchar contra la discriminación y promover la igualdad de derechos.

Uno de los momentos históricos más significativos en la lucha por los derechos LGBTQ+ fue en 2015, cuando la Corte Suprema de los Estados Unidos legalizó el matrimonio entre personas del mismo sexo en todo el país. Este hito marcó un avance importante hacia la igualdad de derechos para las parejas LGBTQ+ y envió un mensaje poderoso de inclusión y respeto hacia la comunidad.

La lucha por los derechos LGBTQ+ es una lucha por la igualdad, la justicia y el respeto a la dignidad humana. Es una lucha por la libertad de vivir auténticamente y sin temor a la discriminación o el rechazo debido a la orientación sexual o identidad de género.

Además, el contexto histórico de la lucha por los derechos LGBTQ+ es una historia de valentía y perseverancia. A través de la resistencia y la movilización, las personas LGBTQ+ y sus aliados han logrado avances significativos hacia la igualdad de derechos en muchos lugares del mundo. Sin embargo, la lucha continúa en la búsqueda de una sociedad más justa, inclusiva y respetuosa con la diversidad sexual y de género. Solo a través del compromiso y la solidaridad colectiva podemos construir un futuro donde todas las personas sean tratadas con dignidad y respeto, sin importar su orientación sexual o identidad de género.

Figuras y eventos clave en la historia de la diversidad

La historia de la diversidad es rica y compleja, marcada por figuras y eventos clave que han contribuido a promover la igualdad y la aceptación de la diversidad en todas sus formas. Estas figuras y eventos han sido fundamentales en la lucha por los derechos humanos y en el reconocimiento de la dignidad de todas las personas, sin importar su raza, etnia, género, orientación sexual, religión o discapacidad.

Una figura clave en la historia de la diversidad es Martin Luther King Jr., líder del movimiento por los derechos civiles en Estados Unidos durante la década de 1950 y 1960. King fue un apasionado de la igualdad racial y la no violencia, y sus discursos y acciones inspiraron a millones de personas en todo el mundo. Su lucha por los derechos civiles de los afroamericanos abrió el camino para la superación del racismo y la discriminación en Estados Unidos y en otras partes del mundo.

Otra figura destacada es Mahatma Gandhi, líder del movimiento de independencia de la India y defensor de la resistencia no violenta. Gandhi abogó por la igualdad de todas las personas, sin importar su casta, religión o género, y su lucha por la justicia y la paz tuvo un impacto duradero en la historia de la diversidad.

En el ámbito de la diversidad sexual, una figura destacada es Harvey Milk, activista y político estadounidense, quien se convirtió en el primer funcionario abiertamente gay en ser elegido para un cargo público en California en la década de 1970. Milk luchó increíblemente por los derechos de las personas LGBTQ+ y se convirtió en un ícono de la comunidad.

Otra figura importante en la historia de la diversidad sexual es Marsha P. Johnson, una activista transgénero y drag queen que fue una figura clave en los disturbios de Stonewall en 1969, considerada como el inicio del movimiento por los derechos LGBTQ+. Johnson fundó el grupo de activismo

"Street Travestite Action Revolutionaries" (STAR) para ayudar a personas transgénero y sin hogar, y su legado sigue vivo en la lucha por la igualdad de derechos.

En cuanto a eventos clave, uno de los más significativos es la Declaración Universal de Derechos Humanos, adoptada por la Asamblea General de las Naciones Unidas en 1948. Este documento histórico establece los derechos humanos fundamentales que deben ser respetados y protegidos para todas las personas, sin importar su origen o condición.

El movimiento feminista también ha sido un evento crucial en la historia de la diversidad. A lo largo de los años, el feminismo ha luchado por la igualdad de género y por el reconocimiento de los derechos de las mujeres en todas las esferas de la sociedad. Este movimiento ha sido fundamental para desafiar y cuestionar las normas de género y promover la igualdad y la justicia.

El movimiento de derechos civiles de los años 60 también ha sido un evento clave en la lucha por la diversidad racial. Liderado por figuras como Martin Luther King Jr., este movimiento luchó por la igualdad de derechos para los afroamericanos y desafió la segregación racial y la discriminación en Estados Unidos.

En el ámbito de la diversidad religiosa, la tolerancia y el respeto hacia todas las creencias y prácticas religiosas han sido eventos cruciales en la historia de la diversidad. La promoción de la libertad religiosa y el reconocimiento de la diversidad de creencias han sido fundamentales para construir una sociedad inclusiva y respetuosa.

Por ende, las figuras y eventos clave en la historia de la diversidad han sido fundamentales en la lucha por la igualdad y el reconocimiento de los derechos humanos de todas las personas. Estas figuras inspiradoras y los eventos históricos han dejado un legado duradero en la lucha por la diversidad y la igualdad en todas sus formas.

Es necesario seguir promoviendo el respeto y la aceptación de la diversidad en todas las esferas de la sociedad, para construir un mundo más inclusivo y justo para todas las personas. La historia de la diversidad nos enseña que la lucha por la igualdad es una tarea continua y que todos tenemos un papel importante que desempeñar en esta lucha por un mundo más justo y diverso.

En medio de la lucha por la diversidad, también es importante abordar críticamente aquellos obstáculos que aún prevalecen y que obstaculizan el progreso hacia una sociedad más inclusiva y respetuosa.

Uno de los principales desafíos es la persistencia de prejuicios y estereotipos arraigados en la sociedad. Estos prejuicios pueden estar basados en la raza, el género, la orientación sexual o cualquier otra característica personal, y pueden conducir a la discriminación y la exclusión de ciertos grupos de personas. Es necesario abordar estos prejuicios desde una perspectiva educativa y cultural, desafiando los estereotipos y promoviendo la empatía y la comprensión hacia la diversidad.

De esta manera, es esencial reconocer y cuestionar las estructuras y sistemas que perpetúan la desigualdad y la discriminación. El racismo sistémico, el sexismo y la homofobia son realidades que deben ser enfrentadas y desmanteladas para lograr una verdadera igualdad de oportunidades y derechos para todas las personas

Otro aspecto crítico en la lucha por la diversidad es la falta de representación y participación de ciertos grupos en los espacios de poder y toma de decisiones. La ausencia de diversidad en la política, los negocios y otras esferas clave de la sociedad refuerzan la desigualdad y pueden llevar a cabo políticas y prácticas que no toman en cuenta las necesidades y perspectivas de todos los ciudadanos.

La violencia y la discriminación contra las personas LGBTQ+, las personas de color, las mujeres y otras minorías siguen siendo un problema preocupante en muchos lugares del mundo. Los crímenes de odio y la violencia basados en la identidad de género, la orientación sexual o la raza deben ser tratados con seriedad y con medidas efectivas para prevenirlos y sancionar a los responsables.

Conjuntamente, el avance de la tecnología y las redes sociales ha abierto nuevas formas de discriminación y odio en línea. El ciberacoso y la propagación de discursos de odio en internet disminuyen negativamente la vida de muchas personas y perpetúan la división y la hostilidad en la sociedad.

También es crucial abordar la brecha económica y social que afecta a diversos grupos de personas. La desigualdad económica y el acceso desigual a oportunidades y recursos limitan las posibilidades de desarrollo y progreso para muchas personas y comunidades. Es necesario implementar políticas y programas que promuevan la igualdad de oportunidades y el acceso equitativo a los recursos.

La globalización y la migración también han planteado desafíos en la lucha por la diversidad. En muchas partes del mundo, se ha visto un aumento en el nacionalismo y la xenofobia, que se manifiestan en la discriminación y la exclusión de los migrantes y refugiados.

En conclusión, la lucha por la diversidad requiere una evaluación crítica de los obstáculos y desafíos que aún prevalecen en la sociedad. La persistencia de prejuicios, la discriminación estructural, la falta de representación y participación, la violencia y el discurso de odio, la brecha económica y social, y el nacionalismo son algunos de los problemas que deben ser abordados con urgencia y determinación.

La lucha por la diversidad es una tarea de toda la sociedad, y solo a través del trabajo conjunto y la solidaridad podremos construir un mundo más justo, igualitario y respetuoso, donde todas las personas sean valoradas y respetadas por quienes son. La diversidad es una fortaleza y una fuente de enriquecimiento para la humanidad, y es nuestra responsabilidad asegurarnos de que sea reconocida y contenida en todas sus formas.

En medio de la lucha por la diversidad, también es importante abordar críticamente aquellos obstáculos que aún prevalecen y que obstaculizan el progreso hacia una sociedad más inclusiva y respetuosa.

Uno de los principales desafíos es la persistencia de prejuicios y estereotipos arraigados en la sociedad. Estos prejuicios pueden estar basados en la raza, el género, la orientación sexual o cualquier otra característica personal, y pueden conducir a la discriminación y la exclusión de ciertos grupos de personas. Es necesario abordar estos prejuicios desde una perspectiva educativa y cultural, desafiando los estereotipos y promoviendo la empatía y la comprensión hacia la diversidad.

De esta manera, es esencial reconocer y cuestionar las estructuras y sistemas que perpetúan la desigualdad y la discriminación. El racismo sistémico, el sexismo y la homofobia son realidades que deben ser enfrentadas y desmanteladas para lograr una verdadera igualdad de oportunidades y derechos para todas las personas.

Otro aspecto crítico en la lucha por la diversidad es la falta de representación y participación de ciertos grupos en los espacios de poder y toma de decisiones. La ausencia de diversidad en la política, los negocios y otras esferas clave de la sociedad refuerzan la desigualdad y pueden llevar a cabo políticas y prácticas que no toman en cuenta las necesidades y perspectivas de todos los ciudadanos.

La violencia y la discriminación contra las personas LGBTQ+, las personas de color, las mujeres y otras minorías siguen siendo un problema preocupante en muchos lugares del mundo. Los crímenes de odio y la violencia basados en la identidad de género, la orientación sexual o la raza deben ser tratados con seriedad y con medidas efectivas para prevenirlos y sancionar a los responsables.

Además, el avance de la tecnología y las redes sociales ha abierto nuevas formas de discriminación y odio en línea. El ciberacoso y la propagación de discursos de odio en internet disminuyen negativamente la vida de muchas personas y perpetúan la división y la hostilidad en la sociedad.

También es crucial abordar la brecha económica y social que afecta a diversos grupos de personas. La desigualdad económica y el acceso desigual a oportunidades y recursos limitan las posibilidades de desarrollo y progreso para muchas personas y comunidades. Es necesario implementar políticas y programas que promuevan la igualdad de oportunidades y el acceso equitativo a los recursos.

La globalización y la migración también han planteado desafíos en la lucha por la diversidad. En muchas partes del mundo, se ha visto un aumento en el nacionalismo y la xenofobia, que se manifiestan en la discriminación y la exclusión de los migrantes y refugiados. Es esencial promover una cultura de inclusión y solidaridad para abordar estos desafíos de manera efectiva.

Por tanto, la lucha por la diversidad requiere una evaluación crítica de los obstáculos y desafíos que aún prevalecen en la sociedad. La persistencia de prejuicios, la discriminación estructural, la falta de representación y participación, la violencia y el discurso de odio, la brecha económica y social, y el nacionalismo son algunos de los problemas que deben ser abordados con urgencia y determinación.

Sin duda que, la lucha por la diversidad es una tarea de toda la sociedad, y solo a través del trabajo conjunto y la solidaridad podremos construir un mundo más justo, igualitario y respetuoso, donde todas las personas sean valoradas y respetadas por quienes son. La diversidad es una fortaleza y una fuente de enriquecimiento para la humanidad, y es nuestra responsabilidad asegurarnos de que sea reconocida y contenida en todas sus formas.

CAPÍTULO 7: DERECHOS Y LUCHAS DE LA COMUNIDAD LGBTQ+

Avances legales y conquistas en la igualdad de derechos

A lo largo de la historia, se han logrado importantes avances legales y conquistas en la lucha por la igualdad de derechos en diversas áreas. Estos logros han sido resultado del esfuerzo y la perseverancia de movimientos sociales, activistas y líderes comprometidos con la promoción de la justicia y la igualdad.

Uno de los avances más significativos en la igualdad de derechos ha sido la abolición de la esclavitud. En muchos países, la esclavitud fue una práctica abominable que privó a millones de personas de su libertad y dignidad. A lo largo del siglo XIX, los movimientos abolicionistas lucharon por el fin de la esclavitud, logrando que se promulgaran leyes y tratados que prohibieran esta práctica inhumana.

Otro hito importante en la lucha por la igualdad de derechos fue el movimiento sufragista, que abogó por el derecho al voto de las mujeres. A lo largo del siglo XX, mujeres valientes y comprometidas se movilizaron en diferentes países para exigir su derecho a participar en las decisiones políticas. Gracias a su lucha, muchas naciones concedieron el derecho al voto a las mujeres, lo que marcó un paso significativo hacia la igualdad de género.

En el ámbito de la igualdad racial, se han logrado importantes avances a través de leyes y políticas que han buscado combatir la discriminación y promover la inclusión. En muchos países, se han promulgado leyes que prohíben la discriminación racial en el empleo, la educación y otras áreas. Asimismo, se han implementado políticas de acción afirmativa para promover la igualdad de oportunidades para las personas de grupos históricamente discriminados.

En cuanto a la igualdad de derechos para las personas LGBTQ+, ha habido avances significativos en varios países. La legalización del matrimonio igualitario en muchos lugares ha sido un logro importante en la lucha por los derechos de las parejas del mismo sexo. Además, se han implementado leyes y políticas para proteger a las personas LGBTQ+ de la discriminación y garantizar su igualdad ante la ley.

El reconocimiento y protección de los derechos de las personas con discapacidad también ha sido una conquista fundamental en la lucha por la igualdad. A través de la promulgación de leyes y la adopción de políticas inclusivas, se ha buscado garantizar que las personas con discapacidad tengan igualdad de oportunidades y acceso a todos los alcances de la vida.

En el ámbito laboral, se han logrado importantes avances en la igualdad de derechos, como la lucha por la igualdad salarial entre hombres y mujeres, la protección contra la discriminación laboral y el reconocimiento de derechos para los trabajadores y trabajadoras.

La lucha por los derechos humanos y la igualdad ha sido una tarea continua y en constante evolución. Aunque se han alcanzado importantes avances legales y conquistas, aún quedan desafíos por enfrentar.

La persistencia de la discriminación y la desigualdad en muchas áreas de la sociedad nos recuerda que la lucha por la igualdad de derechos es una tarea colectiva y que requiere del compromiso de todos. Es necesario seguir trabajando para eliminar todas las formas de discriminación y asegurar que todas las personas puedan gozar de sus derechos humanos fundamentales, sin importar su origen, género, orientación sexual, religión o discapacidad.

Además, la globalización y la interconexión de las sociedades nos han mostrado la importancia de trabajar juntos a nivel internacional para promover la igualdad y los derechos humanos en todo el mundo. La cooperación y el apoyo mutuo entre países y culturas son fundamentales para construir un futuro más justo e igualitario para todas las personas.

En conclusión, los avances legales y conquistas en la igualdad de derechos han sido fundamentales en la lucha por la justicia y la igualdad en todas las áreas de la sociedad. A través de movimientos sociales, líderes comprometidos y cambios legislativos, se ha logrado progresar hacia una sociedad más inclusiva y respetuosa de la dignidad y derechos de todas las personas. Sin embargo, aún hay desafíos por enfrentar, y es responsabilidad de todos continuar luchando por la igualdad y el respeto hacia la diversidad humana. Solo a través del compromiso colectivo podremos construir un mundo más justo y equitativo, donde todos podamos vivir en igualdad de condiciones y oportunidades.

En medio de la lucha por la diversidad, también es importante resaltar los avances legales y conquistas que se han logrado en la promoción de la igualdad de derechos para diferentes grupos de personas.

Uno de los logros más significativos ha sido la promulgación de leyes y tratados internacionales que protegen los derechos humanos y promueven la igualdad para todos. La Declaración Universal de Derechos Humanos, adoptada por la Asamblea General de las Naciones Unidas en 1948, es un ejemplo claro de este tipo de avance. Este documento histórico establece los derechos fundamentales que deben ser respetados y protegidos para todas las personas, independientemente de su raza, género, religión u orientación sexual.

En el ámbito de la igualdad de género, se han alcanzado importantes avances legales en muchos países. Las leyes de igualdad salarial, que buscan garantizar que hombres y mujeres reciban el mismo salario por un trabajo igual o de igual valor, han sido implementadas en varias naciones. Además, se han promulgado leyes contra la discriminación de género en el ámbito laboral y se han adoptado políticas de licencia parental para promover una distribución equitativa de las responsabilidades familiares.

En la lucha por los derechos LGBTQ+, se han logrado conquistas importantes en varios países. La legalización del matrimonio igualitario en muchas naciones ha sido un paso significativo hacia la igualdad de derechos para las parejas del mismo sexo. Además, se han promulgado leyes que prohíben la discriminación por orientación sexual e identidad de género en el empleo, la educación y otros alrededores.

En relación con la igualdad racial, también ha habido avances legales importantes en diferentes partes del mundo. Se han promulgado leyes que prohíben la discriminación racial y se han implementado políticas para promover la inclusión y la diversidad en la sociedad. Asimismo, se han creado organismos gubernamentales y organizaciones no gubernamentales dedicadas a combatir la discriminación racial y promover la igualdad de oportunidades.

En el ámbito de la inclusión de personas con discapacidad, se han realizado importantes avances en la promoción de la accesibilidad y la igualdad de derechos. Se han promulgado leyes que garantizan el acceso de las personas con discapacidad a la educación, el empleo, los servicios de salud y otros derechos fundamentales. Además, se han llevado a cabo campañas de sensibilización para promover una mayor comprensión y respeto hacia las personas con discapacidad.

Estos avances legales y conquistas en la igualdad de

derechos son resultado del esfuerzo y la persistencia de movimientos sociales y activistas que han luchado por la justicia y la igualdad. Sin embargo, aún quedan desafíos por enfrentar y hay muchas personas que siguen enfrentando discriminación y exclusión en diferentes partes del mundo.

Es fundamental que todos sigamos comprometidos en la lucha por la igualdad de derechos y la promoción de la diversidad. La educación, la sensibilización y el trabajo conjunto son clave para construir una sociedad más inclusiva y respetuosa, donde todas las personas sean valoradas y respetadas por igual.

El mismo orden, los avances legales y conquistas en la igualdad de derechos son un reflejo del progreso que se ha logrado en la promoción de la diversidad y la inclusión. Sin embargo, aún hay mucho por hacer y es responsabilidad de todos seguir luchando por un mundo donde todas las personas puedan vivir con dignidad y respeto, independientemente de sus diferencias. La igualdad de derechos es una meta alcanzable y necesaria para construir una sociedad más justa y equitativa para todos.

Desafíos y luchas actuales para la comunidad LGBTQ+

La comunidad LGBTQ+ ha avanzado significativamente en las últimas décadas, alcanzando logros importantes en términos de igualdad de derechos y visibilidad. Sin embargo, a pesar de estos avances, todavía se enfrenta a numerosos desafíos y luchas en la actualidad. Estos obstáculos pueden variar según la región y la cultura, pero en general, hay aspectos clave que emergerán a la comunidad LGBTQ+ en todo el mundo.

Desde la perspectiva más general, uno de los desafíos más destacados es la discriminación y el odio hacia las personas LGBTQ+. A pesar de los esfuerzos para promover la tolerancia y la aceptación, todavía hay sectores de la sociedad que mantienen actitudes intolerantes y prejuiciosas hacia las personas que no se identifican como heterosexuales o cisgénero. Esto se traduce en discriminación laboral, acoso escolar, violencia física y verbal, y otras formas de violencia basadas en la orientación sexual o identidad de género.

Al mismo tiempo, la falta de reconocimiento legal y derechos para las personas LGBTQ+ sigue siendo un problema en muchas partes del mundo. La ausencia de leyes que protegen contra la discriminación en el empleo, la vivienda y otros ámbitos de la vida cotidiana puede dejar a las personas LGBTQ+ vulnerables y sin protección legal.

Otro desafío importante es la falta de educación y conciencia sobre la diversidad sexual y de género. La ignorancia y los estereotipos en torno a la comunidad LGBTQ+ pueden perpetuar actitudes negativas y comportamientos dañinos. La inclusión de la educación sobre diversidad en los currículos escolares y programas de sensibilización puede ayudar a abordar este problema.

La salud mental también es una preocupación significativa para la comunidad LGBTQ+. Los jóvenes LGBTQ+ tienen una mayor incidencia de problemas de salud mental, como la depresión y la ansiedad, debido a la discriminación y el rechazo que pueden enfrentar por parte de sus familias o comunidades. Además, el acceso a servicios de salud mental especializados y comprensivos puede ser limitado en algunas áreas, lo que dificulta aún más el bienestar emocional de las personas LGBTQ+.

De ese modo, el acceso a la atención médica, en general, es otro desafío importante. Algunas personas LGBTQ+ pueden encontrar dificultades para obtener atención médica adecuada y respetuosa, especialmente en relación con la atención de salud relacionada con su orientación sexual o identidad de género.

En muchos países, la falta de reconocimiento legal del matrimonio igualitario sigue siendo un obstáculo importante para las parejas LGBTQ+. La denegación del derecho al matrimonio puede tener implicaciones significativas en términos de seguridad social, herencia y adopción de niños.

La violencia y la criminalización basada en la orientación sexual o identidad de género también persisten en algunos lugares. Las personas LGBTQ+ enfrentan amenazas de violencia física y a menudo son blanco de ataques y agresiones motivadas por el odio.

Para abordar estos desafíos, es fundamental seguir luchando por la igualdad de derechos y la aceptación social. Las leyes y políticas inclusivas que protegen a la comunidad LGBTQ+ deben ser promovidas y aplicadas rigurosamente. Asimismo, se necesita una mayor educación y sensibilización para eliminar la discriminación y los prejuicios arraigados en la sociedad.

La lucha por los derechos y la igualdad para la comunidad LGBTQ+ es una tarea de todos. Con conciencia, empatía y solidaridad, podemos avanzar hacia un mundo más inclusivo y respetuoso para todas las personas, independientemente de su orientación sexual o identidad de género.

Sin embargo, La comunidad LGBTQ+ ha avanzado significativamente en las últimas décadas, alcanzando logros importantes en términos de igualdad de derechos y visibilidad. Sin embargo, a pesar de estos avances, todavía se enfrenta a numerosos desafíos y luchas en la actualidad. Estos obstáculos pueden variar según la región y la cultura, pero en general, hay aspectos clave que emergerán a la comunidad LGBTQ+ en todo el mundo.

Uno de los desafíos más destacados es la discriminación y el odio hacia las personas LGBTQ+. A pesar de los esfuerzos para promover la tolerancia y la aceptación, todavía hay sectores de la sociedad que mantienen actitudes intolerantes y prejuiciosas hacia las personas que no se identifican como heterosexuales o cisgénero. Esto se traduce en discriminación laboral, acoso escolar, violencia física y verbal, y otras formas de violencia basadas en la orientación sexual o identidad de género.

Igualmente, la falta de reconocimiento legal y derechos para las personas LGBTQ+ sigue siendo un problema en muchas partes del mundo. La ausencia de leyes que protegen contra la discriminación en el empleo, la vivienda y otros ámbitos de la vida cotidiana puede dejar a las personas LGBTQ+ vulnerables y sin protección legal.

Otro desafío importante es la falta de educación y conciencia sobre la diversidad sexual y de género. La ignorancia y los estereotipos en torno a la comunidad LGBTQ+ pueden perpetuar actitudes negativas y comportamientos dañinos. La inclusión de la educación sobre diversidad en los currículos escolares y programas °   0de sensibilización puede ayudar a abordar este problema.

La salud mental también es una preocupación significativa para la comunidad LGBTQ+. Los jóvenes LGBTQ+ tienen una mayor incidencia de problemas de salud mental, como la depresión y la ansiedad, debido a la discriminación y el rechazo que pueden enfrentar por parte de sus familias o comunidades. Además, el acceso a servicios de salud mental especializados y comprensivos puede ser limitado en algunas áreas, lo que dificulta aún más el bienestar emocional de las personas LGBTQ+.

El acceso a la atención médica, en general, es otro desafío importante. Algunas personas LGBTQ+ pueden encontrar dificultades para obtener atención médica adecuada y respetuosa, especialmente en relación con la atención de salud relacionada con su orientación sexual o identidad de género.

En muchos países, la falta de reconocimiento legal del matrimonio igualitario sigue siendo un obstáculo importante para las parejas LGBTQ+. La denegación del derecho al matrimonio puede tener implicaciones significativas en términos de seguridad social, herencia y adopción de niños.

La violencia y la criminalización basada en la orientación sexual o identidad de género también persisten en algunos lugares. Las personas LGBTQ+ enfrentan amenazas de violencia física y a menudo son blanco de ataques y agresiones motivadas por el odio.

Para abordar estos desafíos, es fundamental seguir luchando por la igualdad de derechos y la aceptación social. Las leyes y políticas inclusivas que protegen a la comunidad LGBTQ+ deben ser promovidas y aplicadas rigurosamente. Asimismo, se necesita una mayor educación y sensibilización para eliminar la discriminación y los prejuicios arraigados en la sociedad.

La lucha por los derechos y la igualdad para la comunidad LGBTQ+ es una tarea de todos. Con conciencia, empatía y solidaridad, podemos avanzar hacia un mundo más inclusivo y respetuoso para todas las personas, independientemente de su orientación sexual o identidad de género.

CAPÍTULO 8: RELACIONES Y AMOR EN LA DIVERSIDAD

Exploración de las diferentes formas de amor y relaciones

La exploración de las diferentes formas de amor y relaciones es un tema fascinante y complejo que ha sido objeto de estudio y reflexión a lo largo de la historia de la humanidad. El amor y las relaciones han sido temas recurrentes en la literatura, el arte, la filosofía y la psicología, ya que son aspectos fundamentales de la experiencia humana.

El amor es un sentimiento profundo que puede manifestarse de diversas maneras. El amor romántico es una de las formas más conocidas y contenidas, caracterizada por la pasión, el deseo y la conexión emocional entre dos personas. Esta forma de amor ha sido retratada en innumerables obras de ficción, desde las clásicas tragedias griegas hasta las películas románticas contemporáneas.

Además del amor romántico, existen otras formas de amor que también son significativas en la vida de las personas. El amor filial, por ejemplo, es el afecto y la devoción entre padres e hijos. Es un vínculo poderoso que influye en el desarrollo emocional de los individuos y puede tener un impacto duradero en sus vidas.

El amor fraternal o entre hermanos también es una forma de relación única y especial. Los lazos entre hermanos pueden ser de apoyo, amistad y compañerismo, pero también pueden enfrentar desafíos y rivalidades propias de la convivencia.

Además, el amor platónico es una forma de amor no romántico, basado en la admiración, el respeto y la conexión emocional profunda, pero sin una dimensión física o sexual. Esta forma de amor ha sido explorada en la filosofía desde la antigüedad, y se ha presentado en obras literarias como "El Banquete" de Platón.

Otra forma de amor relevante es el amor incondicional, que

trasciende las limitaciones y expectativas. Es un amor desinteresado y sin juicio, que acepta a las personas tal como son, sin importar sus defectos o errores. El amor incondicional es fundamental en las relaciones parentales y también puede manifestarse en amistades duraderas.

Las relaciones humanas pueden adoptar diferentes estructuras y formas. Las relaciones monógamas, donde dos personas mantienen un compromiso exclusivo, son comunes en muchas culturas y sociedades. Sin embargo, las relaciones no monógamas también existen, como el poliamor, donde las personas pueden mantener vínculos románticos y/o sexuales con múltiples parejas de manera ética y consensuada.

La exploración de la diversidad en las relaciones también incluye el análisis de las relaciones interculturales o interraciales, que pueden enfrentar desafíos únicos debido a diferencias culturales, sociales y familiares.

En la actualidad, el tema de la orientación sexual y las relaciones LGBTQ+ ha ganado visibilidad y ha abierto debates sobre la diversidad en el amor y las relaciones. Las personas LGBTQ+ luchan por el reconocimiento de sus derechos y la aceptación plena de sus relaciones, desafiando las normas tradicionales y promoviendo una mayor comprensión de la diversidad en el amor.

De acuerdo con el contexto anterior, la exploración de las diferentes formas de amor y relaciones es una tarea en constante evolución. La riqueza y complejidad de las relaciones humanas son inagotables y resultan inspiradoras a artistas, pensadores y científicos a indagar en la naturaleza del amor y cómo afecta nuestras vidas. Cada forma de amor y cada tipo de relación aportan una perspectiva única y valiosa a la experiencia humana, y es importante seguir explorando y respetando la diversidad en este ámbito fundamental de nuestras vidas.

La exploración de las diferentes formas de amor y relaciones es un tema fascinante y complejo que ha sido objeto de estudio y reflexión a lo largo de la historia de la humanidad. El amor y las relaciones han sido temas recurrentes en la literatura, el arte, la filosofía y la psicología, ya que son aspectos fundamentales de la experiencia humana.

Las relaciones humanas pueden adoptar diferentes estructuras y formas. Las relaciones monógamas, donde dos personas mantienen un compromiso exclusivo, son comunes en muchas culturas y sociedades. Sin embargo, las relaciones no monógamas también existen, como el poliamor, donde las personas pueden mantener vínculos románticos y/o sexuales con múltiples parejas de manera ética y consensuada.

La exploración de la diversidad en las relaciones también incluye el análisis de las relaciones interculturales o interraciales, que pueden enfrentar desafíos únicos debido a diferencias culturales, sociales y familiares.

En definitiva, la exploración de las diferentes formas de amor y relaciones es una tarea en constante evolución. La riqueza y complejidad de las relaciones humanas son inagotables y resultan inspiradoras a artistas, pensadores y científicos a indagar en la naturaleza del amor y cómo afecta nuestras vidas. Cada forma de amor y cada tipo de relación aportan una perspectiva única y valiosa a la experiencia humana, y es importante seguir explorando y respetando la diversidad en este ámbito fundamental de nuestras vidas.

Importancia de la aceptación y el respeto en todas las relaciones

La importancia de la aceptación y el respeto en todas las relaciones humanas es fundamental para fomentar un entorno de armonía, comprensión y bienestar tanto a nivel individual como colectivo. Estos valores fundamentales son esenciales para construir vínculos sólidos y saludables entre amigos, familiares, parejas, compañeros de trabajo y miembros de la comunidad en general.

La aceptación implica reconocer y valorar a las personas tal como son, con todas sus virtudes y defectos. Es importante comprender que cada individuo es único y tiene sus propias experiencias, creencias y perspectivas. Al practicar la aceptación, estamos permitiendo que las personas se sientan seguras y validadas en su identidad, lo que contribuye a una mayor autoestima y bienestar emocional.

La falta de aceptación puede llevar a la discriminación y al rechazo, lo que puede causar profundos daños emocionales y sociales. La discriminación por motivos de raza, género, orientación sexual, religión o cualquier otra característica personal, es una forma de violencia que debe ser erradicada para construir sociedades más justas e inclusivas.

El respeto, por su parte, implica reconocer los derechos y la dignidad de los demás. Es tratar a las personas con cortesía, empatía y consideración, independientemente de sus diferencias. Cuando respetamos a los demás, estamos promoviendo un ambiente de confianza y apertura, lo que facilita la comunicación y la resolución de conflictos de manera constructiva.

En una relación de pareja, la aceptación y el respeto son esenciales para construir un vínculo sólido y duradero. Cada miembro de la pareja debe sentirse valorado y respetado en sus decisiones, deseos y necesidades individuales. La falta de respeto puede generar resentimiento y desconfianza, lo que puede llevar al deterioro de la relación.

En la familia, la aceptación y el respeto son fundamentales para fortalecer los lazos afectivos. Los padres deben aceptar y respetar a sus hijos tal como son, brindándoles un ambiente seguro donde puedan expresarse libremente y desarrollarse como individuos. Del mismo modo, los hijos deben respetar las decisiones y autoridad de sus padres, promoviendo un ambiente de armonía y cooperación en el hogar.

En el ámbito laboral, la aceptación y el respeto son esenciales para fomentar un ambiente de trabajo positivo y productivo. Los colegas deben aceptar y respetar las habilidades y conocimientos de sus compañeros, trabajando juntos hacia un objetivo común. La falta de respeto en el trabajo puede generar conflictos y afectar negativamente la dinámica del equipo.

En la sociedad en general, la aceptación y el respeto son clave para promover la inclusión y la diversidad. Cada persona, sin importar su origen, debe ser valorada y respetada por su contribución única a la sociedad. Promover la aceptación y el respeto en la comunidad puede ayudar a reducir la discriminación y fomentar la convivencia pacífica y enriquecedora entre personas de diferentes culturas, religiones y antecedentes.

Por tanto, la aceptación y el respeto son valores fundamentales que deben estar presentes en todas las relaciones humanas. Estos valores no solo promueven la paz y la armonía, sino que también contribuyen al bienestar emocional y social de las personas. Al aceptar y respetar a los demás, estamos construyendo una sociedad más inclusiva y justa, donde todos tienen la oportunidad de ser ellos mismos y desarrollarse plenamente como seres humanos.

La importancia de la aceptación y el respeto en todas las relaciones humanas es fundamental para fomentar un entorno de armonía, comprensión y bienestar tanto a nivel individual como colectivo. Estos valores fundamentales son esenciales para construir vínculos sólidos y saludables entre amigos, familiares, parejas, compañeros de trabajo y miembros de la comunidad en general.

La aceptación implica reconocer y valorar a las personas tal como son, con todas sus virtudes y defectos. Es importante comprender que cada individuo es único y tiene sus propias experiencias, creencias y perspectivas. Al practicar la aceptación, estamos permitiendo que las personas se sientan seguras y validadas en su identidad, lo que contribuye a una mayor autoestima y bienestar emocional.

La falta de aceptación puede llevar a la discriminación y al rechazo, lo que puede causar profundos daños emocionales y sociales. La discriminación por motivos de raza, género, orientación sexual, religión o cualquier otra característica personal, es una forma de violencia que debe ser erradicada para construir sociedades más justas e inclusivas.

El respeto, por su parte, implica reconocer los derechos y la dignidad de los demás. Es tratar a las personas con cortesía, empatía y consideración, independientemente de sus diferencias. Cuando respetamos a los demás, estamos promoviendo un ambiente de confianza y apertura, lo que facilita la comunicación y la resolución de conflictos de manera constructiva.

En una relación de pareja, la aceptación y el respeto son esenciales para construir un vínculo sólido y duradero. Cada miembro de la pareja debe sentirse valorado y respetado en sus decisiones, deseos y necesidades individuales.

En la familia, la aceptación y el respeto son fundamentales para fortalecer los lazos afectivos. Los padres deben aceptar y respetar a sus hijos tal como son, brindándoles un ambiente seguro donde puedan expresarse libremente y desarrollarse como individuos. Del mismo modo, los hijos deben respetar las decisiones y autoridad de sus padres, promoviendo un ambiente de armonía y cooperación en el hogar.

En el ámbito laboral, la aceptación y el respeto son esenciales para fomentar un ambiente de trabajo positivo y productivo. Los colegas deben aceptar y respetar las habilidades y conocimientos de sus compañeros, trabajando juntos hacia un objetivo común. La falta de respeto en el trabajo puede generar conflictos y afectar negativamente la dinámica del equipo.

En la sociedad en general, la aceptación y el respeto son clave para promover la inclusión y la diversidad. Cada persona, sin importar su origen, debe ser valorada y respetada por su contribución única a la sociedad. Promover la aceptación y el respeto en la comunidad puede ayudar a reducir la discriminación y fomentar la convivencia pacífica y enriquecedora entre personas de diferentes culturas, religiones y antecedentes.

En efecto, la aceptación y el respeto son valores fundamentales que deben estar presentes en todas las relaciones humanas. Estos valores no solo promueven la paz y la armonía, sino que también contribuyen al bienestar emocional y social de las personas. Al aceptar y respetar a los demás, estamos construyendo una sociedad más inclusiva y justa, donde todos tienen la oportunidad de ser ellos mismos y desarrollarse plenamente como seres humanos.

Capítulo 9: Salir del armario y su impacto

Experiencias personales y emocionales de salir del armario LGBTQ+

Salir del armario LGBTQ+ es un proceso íntimo y emocionalmente complejo que involucra revelar abiertamente la orientación sexual o la identidad de género a amigos, familiares y la sociedad en general. Cada persona que vive esta experiencia tiene una historia única y personal que refleja el contexto cultural, social y familiar en el que se desenvuelve.

Para muchas personas LGBTQ+, el proceso de salir del armario puede ser una montaña rusa de emociones. La mayoría pasa por períodos de miedo, incertidumbre y ansiedad antes de dar el paso de compartir su identidad con los demás. El miedo al rechazo ya la discriminación es una preocupación frecuente, ya que lamentablemente aún existen lugares donde la aceptación plena de la diversidad sexual y de género es un desafío.

Sin embargo, también hay una sensación de liberación y autenticidad al decidir salir del armario. Para muchas personas, es un acto de valentía y autodescubrimiento que les permite abrazar su identidad y vivir de acuerdo con su verdadero yo. La aceptación de uno mismo es un paso crucial hacia el bienestar emocional y el amor propio.

Las reacciones de las personas cercanas al salir del armario pueden variar enormemente. Algunos familiares y amigos responden con comprensión, apoyo y cariño incondicional. Estos encuentros positivos pueden reforzar la autoestima y fortalecer los lazos afectivos con quienes comparten el viaje.

No obstante, también puede haber respuestas negativas, rechazo o falta de comprensión. Algunos individuos pueden enfrentar prejuicios y estereotipos basados en la orientación sexual o la identidad de género, lo que puede generar tensión en las relaciones y llevar a la exclusión social.

Es importante recordar que el proceso de salir del armario es personal y no siempre tiene un final predecible. Algunas personas pueden elegir no revelar su identidad a todos los que les rodean por diversas razones, como el temor a la discriminación o simplemente porque no lo considera relevante en ciertos contextos.

A nivel societal, la experiencia de salir del armario también está influenciada por el grado de aceptación y protección legal que existe en cada país o comunidad. En lugares donde las leyes y políticas favorecen la igualdad y la no discriminación, es más probable que las personas LGBTQ+ encuentren un entorno más seguro y acogedor para ser auténticas.

En síntesis, salir del armario es un viaje personal y emocionalmente significativo para las personas LGBTQ+. Es un proceso que implica enfrentar miedos y desafíos, pero también abrazar la autenticidad y el amor propio. La aceptación y el apoyo de la familia, amigos y sociedad en general juegan un papel crucial en este proceso. A medida que la sociedad avanza hacia una mayor comprensión y respeto de la diversidad, se allana el camino para que las personas LGBTQ+ vivan sus vidas con autenticidad y orgullo.

De acuerdo con el contexto anterior, salir del armario LGBTQ+ es un proceso íntimo y emocionalmente complejo que involucra revelar abiertamente la orientación sexual o la identidad de género a amigos, familiares y la sociedad en general. Cada persona que vive esta experiencia tiene una historia única y personal que refleja el contexto cultural, social y familiar en el que se desenvuelve.

Sin embargo, para muchas personas LGBTQ+, el proceso de salir del armario puede ser una montaña rusa de emociones. La mayoría pasa por períodos de miedo, incertidumbre y ansiedad antes de dar el paso de compartir su identidad con los demás. El miedo al rechazo ya la discriminación es una preocupación frecuente, ya que lamentablemente aún existen lugares donde la aceptación plena de la diversidad sexual y de género es un desafío.

Sin embargo, también hay una sensación de liberación y autenticidad al decidir salir del armario. Para muchas personas, es un acto de valentía y autodescubrimiento que les permite abrazar su identidad y vivir de acuerdo con su verdadero yo. La aceptación de uno mismo es un paso crucial hacia el bienestar emocional y el amor propio.

Las reacciones de las personas cercanas al salir del armario pueden variar enormemente. Algunos familiares y amigos responden con comprensión, apoyo y cariño incondicional. Estos encuentros positivos pueden reforzar la autoestima y fortalecer los lazos afectivos con quienes comparten el viaje.

Sin embargo, también puede haber respuestas negativas, rechazo o falta de comprensión. Algunos individuos pueden enfrentar prejuicios y estereotipos basados en la orientación sexual o la identidad de género, lo que puede generar tensión en las relaciones y llevar a la exclusión social.

Es importante recordar que el proceso de salir del armario es personal y no siempre tiene un final predecible. Algunas personas pueden elegir no revelar su identidad a todos los que les rodean por diversas razones, como el temor a la discriminación o simplemente porque no lo considera relevante en ciertos contextos.

A nivel social, la experiencia de salir del armario también está influenciada por el grado de aceptación y protección legal que existe en cada país o comunidad. En lugares donde las leyes y políticas favorecen la igualdad y la no discriminación, es más probable que las personas LGBTQ+ encuentren un entorno más seguro y acogedor para ser auténticas.

En consecuencia, salir del armario es un viaje personal y emocionalmente significativo para las personas LGBTQ+. Es un proceso que implica enfrentar miedos y desafíos, pero también abrazar la autenticidad y el amor propio. La aceptación y el apoyo de la familia, amigos y sociedad en general juegan un papel crucial en este proceso. A medida que la sociedad avanza hacia una mayor comprensión y respeto de la diversidad, se allana el camino para que las personas LGBTQ+ vivan sus vidas con autenticidad y orgullo.

El valor de la visibilidad y el apoyo en el proceso de aceptación LGBTQ+

El valor de la visibilidad y el apoyo en el proceso de aceptación LGBTQ+ es enorme y esencial para la comunidad LGBTQ+. La visibilidad se refiere a la presencia y representación de personas LGBTQ+ en diferentes entornos de la sociedad, como los medios de comunicación, el entretenimiento, la política y la cultura. Por otro lado, el apoyo se refiere al respaldo emocional y social que reciben las personas LGBTQ+ por parte de amigos, familiares, aliados y organizaciones que promueven la igualdad y la no discriminación.

La visibilidad es una herramienta poderosa para combatir la invisibilidad y los estereotipos negativos que históricamente han afectado a la comunidad LGBTQ+. Cuando las personas LGBTQ+ se muestran abiertamente y comparten sus experiencias, están rompiendo barreras y desafiando los prejuicios. La visibilidad permite que la sociedad comprenda y valore la diversidad en la orientación sexual y la identidad de género, lo que a su fomenta vez la tolerancia y la aceptación.

Las representaciones positivas y diversas de personas LGBTQ+ en los medios de comunicación y la cultura popular son especialmente importantes, ya que contribuyen a crear a modelos seguir ya normalizar la diversidad en la sociedad. Ver a personas LGBTQ+ en roles destacados en películas, programas de televisión y en otros medios, muestra que sus vidas y experiencias son igualmente válidas y merecen respeto.

Además, la visibilidad también proporciona un sentido de pertenencia y comunidad para las personas LGBTQ+. Al ver otros que comparten sus identidades y experiencias, las personas LGBTQ+ se sienten menos solas y aisladas, lo que puede ser especialmente valioso para aquellos que viven en entornos donde la aceptación es limitada.

El apoyo es un componente fundamental en el proceso de aceptación LGBTQ+. Cuando las personas LGBTQ+ sienten el respaldo emocional y social de sus seres queridos y de la comunidad en general, se crea un ambiente propicio para su bienestar y desarrollo personal. El apoyo puede ayudar a contrarrestar los efectos negativos del rechazo y la discriminación, fortaleciendo la autoestima y la confianza de las personas LGBTQ+.

El apoyo también es crucial en el proceso de salir del armario. Las personas LGBTQ+ que cuentan con el apoyo de sus amigos y familiares tienen más probabilidades de enfrentarse al desafío de compartir su identidad con mayor seguridad y confianza. El apoyo incondicional puede marcar la diferencia entre una experiencia positiva de aceptación y una experiencia traumática de rechazo.

Además del apoyo personal, las organizaciones y movimientos que defienden los derechos LGBTQ+ juegan un papel vital en el proceso de aceptación. Estas organizaciones brindan recursos, información y espacios seguros para las personas LGBTQ+, lo que les permite conectarse con otros que comparten sus experiencias y luchan juntos por la igualdad y la inclusión.

En definitiva, la visibilidad y el apoyo son pilares fundamentales en el proceso de aceptación LGBTQ+. La visibilidad ayuda a combatir los estereotipos y la invisibilidad, mientras que el apoyo proporciona un ambiente seguro y comprensivo para que las personas LGBTQ+ se desarrollen y vivan sus vidas con autenticidad y orgullo. La promoción de la visibilidad y el apoyo continuo son esenciales para crear una sociedad más inclusiva y respetuosa con la diversidad sexual y de género.

Capítulo 10: La diversidad en el ámbito laboral y educativo

Desafíos y oportunidades para la inclusión LGBTQ+ en el trabajo y la educación

La comunidad LGBTQ+ ha avanzado significativamente en la lucha por la igualdad de derechos en muchos países. Sin embargo, a pesar de los avances, aún se enfrentan a desafíos considerables en el ámbito laboral y educativo. La discriminación, los prejuicios y la falta de sensibilidades siendo obstáculos para la plena inclusión de las personas LGBTQ+ en estos espacios. Al mismo tiempo, hay oportunidades para fomentar la diversidad y la aceptación, lo que puede conducir a una sociedad más justa y equitativa.

En el ámbito laboral, uno de los desafíos más importantes es la discriminación laboral basada en la orientación sexual o la identidad de género. A menudo, las personas LGBTQ+

enfrentan dificultades para acceder a empleos, y si lo hacen, pueden sufrir discriminación, acoso o exclusiones en el lugar de trabajo. Esta situación puede afectar negativamente su bienestar emocional y su rendimiento laboral. Es fundamental que las empresas y organizaciones promuevan políticas de no discriminación y crean un ambiente inclusivo donde todas las personas sean respetadas y valoradas por igual.

Otro desafío en el ámbito laboral es la falta de representación de personas LGBTQ+ en puestos de liderazgo y toma de decisiones. La diversidad en la dirección de las empresas puede aportar diferentes perspectivas y enfoques, lo que resulta en una mayor innovación y rendimiento. Por tanto, es crucial que se promueva la participación y el ascenso de personas LGBTQ+ en roles de liderazgo para crear un entorno más equitativo y diverso.

En el ámbito educativo, la falta de inclusión y la discriminación son obstáculos importantes que enfrentan los estudiantes y profesionales LGBTQ+. Los jóvenes LGBTQ+ pueden ser víctimas de acoso escolar, lo que afecta su desarrollo académico y emocional. Además, la falta de educación sexual inclusiva y de programas de apoyo en las escuelas crear puede un ambiente hostil para las personas LGBTQ+, lo que contribuye a la discriminación y la intolerancia.

No obstante, también hay oportunidades para mejorar la inclusión LGBTQ+ en la educación. Implementar políticas educativas que promuevan la diversidad y la inclusión en las escuelas, incluyendo la formación de docentes en temas de diversidad de género y orientación sexual, es un paso importante para fomentar un ambiente seguro y respetuoso para todos los estudiantes. Además, la inclusión de temas relacionados con la comunidad LGBTQ+ en los programas de estudio puede ayudar a sensibilizar a los estudiantes y promover la aceptación.

En el ámbito laboral y educativo, las organizaciones y los centros educativos pueden aprovechar la oportunidad de fomentar la diversidad y la inclusión mediante la creación de grupos de apoyo y redes de empleados o estudiantes LGBTQ+. Estas sugerencias pueden brindar un espacio seguro para compartir experiencias y preocupaciones, así como para proponer soluciones y promover el cambio.

En resumen, la inclusión LGBTQ+ en el trabajo y la educación enfrenta desafíos significativos, pero también ofrece oportunidades para construir una sociedad más justa y equitativa. Es responsabilidad de todos, individuos, organizaciones y gobiernos, trabajar juntos para superar los obstáculos y crear un entorno donde las personas LGBTQ+ sean valoradas y respetadas en igualdad de condiciones. La diversidad es una fortaleza que nos enriquece a todos, y promover la inclusión es un paso vital hacia un futuro más inclusivo y tolerante.

Además de los desafíos y oportunidades de inclusión, es esencial que los gobiernos jueguen un papel fundamental en la promoción de la LGBTQ+ en el trabajo y la educación. Es necesario establecer leyes y políticas que protejan los derechos de las personas LGBTQ+ contra la discriminación y el acoso en el ámbito laboral y educativo.

En el ámbito laboral, se deben implementar leyes que prohíban la discriminación por motivos de orientación sexual e identidad de género, y se deben aplicar sanciones a aquellos empleadores que violen estos derechos. Además, se puede impulsar la adopción de medidas afirmativas que fomenten la inclusión de personas LGBTQ+ en la fuerza laboral, como establecer cuotas de representación en empresas e instituciones gubernamentales.

En el ámbito educativo, los gobiernos deben garantizar que las políticas educativas promuevan la inclusión y la igualdad de trato para todas las personas, independientemente de su orientación sexual o identidad de género. Esto implica desarrollar planes de estudio que incluyan la educación sexual inclusiva y la historia de la comunidad LGBTQ+, así como proporcionar recursos y capacitación para los docentes sobre cómo abordar temas de diversidad y prevenir el Buling.

Asimismo, los gobiernos pueden colaborar con organizaciones de la sociedad civil y grupos defensores de los derechos LGBTQ+ para sensibilizar a la población sobre la importancia de la inclusión y la no discriminación. Campañas de concientización y programas de sensibilización pueden ayudar a combatir los prejuicios y estereotipos, creando así un entorno más respetuoso y comprensivo para las personas LGBTQ+.

Por otro lado, la tecnología y las redes sociales también pueden desempeñar un papel relevante en la promoción de la inclusión. Las plataformas en línea pueden ser utilizadas para difundir mensajes de aceptación y respeto, brindar recursos informativos y conectar a personas LGBTQ+ con comunidades de apoyo.

En cuanto a la educación superior, las universidades pueden jugar un papel importante al establecer políticas de no discriminación y ofrecer programas de inclusión para estudiantes y personas LGBTQ+. La creación de oficinas de diversidad e inclusión puede ser un paso efectivo para garantizar un ambiente respetuoso y seguro para todos.

En resumen, la inclusión LGBTQ+ en el trabajo y la educación es un tema complejo que requiere un enfoque integral y colaborativo. Superar los desafíos y aprovechar las oportunidades implica el compromiso de todos los actores sociales: individuos, empresas, instituciones educativas, gobiernos y sociedad en general.

La construcción de una sociedad inclusiva, donde todas las personas sean tratadas con igualdad y respeto, es una meta alcanzable si trabajaron juntos para eliminar la discriminación y promover la diversidad. Solo así podremos crear un futuro más justo y equitativo para todos.

De acuerdo con el contexto anterior, La inclusión LGBTQ+ en el trabajo y la educación sigue siendo un tema crítico y de gran relevancia en la sociedad actual. A pesar de los avances logrados en muchos países en términos de reconocimiento de derechos y visibilidad, todavía existen desafíos significativos que obstaculizan una verdadera igualdad y equidad para las personas LGBTQ+ en este entorno.

Uno de los principales desafíos es la persistente discriminación y prejuicios que enfrentan las personas LGBTQ+ en el trabajo. A pesar de las leyes que prohíben la discriminación laboral por orientación sexual e identidad de género, la realidad es que muchos trabajadores LGBTQ+ resultan ser víctimas de trato injusto en sus lugares de trabajo. La discriminación puede manifestarse a través de la negación de oportunidades laborales, la falta de ascensos, la hostilidad de colegas o incluso el despido injustificado. Esto no solo afecta el bienestar emocional de las personas afectadas, sino que también limita su capacidad para desarrollarse profesionalmente.

En la educación, el acoso escolar y la discriminación hacia estudiantes LGBTQ+ también son un problema crítico que no se ha resuelto por completo. Los jóvenes LGBTQ+ a menudo enfrentan situaciones de violencia verbal y física en las escuelas, lo que impacta negativamente en su rendimiento académico y su autoestima. Aunque existen iniciativas para abordar este problema, como la implementación de políticas de prevención y la promoción de la educación sexual inclusiva, todavía queda mucho trabajo por hacer para garantizar un ambiente seguro y respetuoso para todos los estudiantes.

Otro aspecto preocupante es la falta de representación y visibilidad de personas LGBTQ+ en posiciones de liderazgo tanto en el trabajo como en la educación. A pesar de los esfuerzos para fomentar la diversidad en estos alrededores, la presencia de personas LGBTQ+ en puestos de toma de decisiones sigue siendo escasa. Esto no solo afecta la representatividad de la comunidad LGBTQ+, sino que también limita la diversidad de perspectivas en la toma de decisiones, lo que puede afectar negativamente la innovación y el desarrollo.

Además, la falta de educación sobre diversidad sexual y de género sigue siendo una barrera importante para lograr una verdadera inclusión en la sociedad. La educación es clave para promover la aceptación y el respeto hacia todas las personas, independientemente de su orientación sexual o identidad de género. Sin embargo, en muchos programas educativos aún se omite o se aborda de manera insuficiente la diversidad LGBTQ+, lo que perpetúa estereotipos y desconocimiento en la población.

Por otro lado, aunque existen oportunidades para mejorar la inclusión LGBTQ+ en el trabajo y la educación, estas a menudo están subestimadas o ignoradas. Las empresas y organizaciones pueden demostrar al fomentar la diversidad y la inclusión, ya que esto puede conducir a un aumento en la creatividad, la productividad y la retención de talento. Además, las instituciones educativas pueden desempeñar un papel fundamental al proporcionar programas de apoyo y recursos para estudiantes LGBTQ+, lo que podría ayudar a reducir la discriminación y mejorar su rendimiento académico.¡¡¡

Finalmente, aunque se han logrado avances en la lucha por la inclusión LGBTQ+ en el trabajo y la educación, todavía enfrentamos desafíos significativos que deben abordarse de manera crítica y urgente. La discriminación, los prejuicios y la falta de educación verdadera son obstáculos que impiden una igualdad para las personas LGBTQ+. Es fundamental que los gobiernos, las empresas, las instituciones educativas y la sociedad en su conjunto se comprometan a crear un entorno más inclusivo y respetuoso, donde todas las personas sean valoradas y tratadas con dignidad, sin importar su orientación sexual o identidad de género. Solo a través de un esfuerzo conjunto podremos lograr una sociedad más justa y equitativa para todos.

Estrategias para promover un ambiente inclusivo y seguro LGBTQ+

La inclusión LGBTQ+ en el trabajo y la educación sigue siendo un tema crítico y de gran relevancia en la sociedad actual. A pesar de los avances logrados en muchos países en términos de reconocimiento de derechos y visibilidad, todavía existen desafíos significativos que obstaculizan una verdadera igualdad y equidad para las personas LGBTQ+ en este entorno.

Uno de los principales desafíos es la persistente discriminación y prejuicios que enfrentan las personas LGBTQ+ en el trabajo. A pesar de las leyes que prohíben la discriminación laboral por orientación sexual e identidad de género, la realidad es que muchos trabajadores LGBTQ+ resultan ser víctimas de trato injusto en sus lugares de trabajo. La discriminación puede manifestarse a través de la negación de oportunidades laborales, la falta de ascensos, la hostilidad de colegas o incluso el despido injustificado. Esto no solo afecta el bienestar emocional de las personas afectadas, sino que también limita su capacidad para desarrollarse profesionalmente.

En la educación, el acoso escolar y la discriminación hacia estudiantes LGBTQ+ también son un problema crítico que no se ha resuelto por completo. Los jóvenes LGBTQ+ a menudo enfrentan situaciones de violencia verbal y física en las escuelas, lo que impacta negativamente en su rendimiento académico y su autoestima. Aunque existen iniciativas para abordar este problema, como la implementación de políticas de prevención y la promoción de la educación sexual inclusiva, todavía queda mucho trabajo por hacer para garantizar un ambiente seguro y respetuoso para todos los estudiantes.

Otro aspecto preocupante es la falta de representación y visibilidad de personas LGBTQ+ en posiciones de liderazgo tanto en el trabajo como en la educación. A pesar de los esfuerzos para fomentar la diversidad en estos alrededores, la presencia de personas LGBTQ+ en puestos de toma de decisiones sigue siendo escasa. Esto no solo afecta la representatividad de la comunidad LGBTQ+, sino que también limita la diversidad de perspectivas en la toma de decisiones, lo que puede afectar negativamente la innovación y el desarrollo.

Además, la falta de educación sobre diversidad sexual y de género sigue siendo una barrera importante para lograr una verdadera inclusión en la sociedad. La educación es clave para promover la aceptación y el respeto hacia todas las personas, independientemente de su orientación sexual o identidad de género. Sin embargo, en muchos programas educativos aún se omite o se aborda de manera insuficiente la diversidad LGBTQ+, lo que perpetúa estereotipos y desconocimiento en la población.

En el ámbito laboral, se deben implementar leyes que prohíban la discriminación por motivos de orientación sexual e identidad de género, y se deben aplicar sanciones a aquellos empleadores que violen estos derechos. Además, se puede impulsar la adopción de medidas afirmativas que fomenten la inclusión de personas LGBTQ+ en la fuerza laboral, como establecer cuotas de representación en empresas e instituciones gubernamentales.

En el ámbito educativo, los gobiernos deben garantizar que las políticas educativas promuevan la inclusión y la igualdad de trato para todas las personas, independientemente de su orientación sexual o identidad de género. Esto implica desarrollar planes de estudio que incluyan la educación sexual inclusiva y la historia de la comunidad LGBTQ+, así como proporcionar recursos y capacitación para los docentes sobre cómo abordar temas de diversidad y prevenir el Buling.

Asimismo, los gobiernos pueden colaborar con organizaciones de la sociedad civil y grupos defensores de los derechos LGBTQ+ para sensibilizar a la población sobre la importancia de la inclusión y la no discriminación. Campañas de concientización y programas de sensibilización pueden ayudar a combatir los prejuicios y estereotipos, creando así un entorno más respetuoso y comprensivo para las personas LGBTQ+.

Por otro lado, la tecnología y las redes sociales también pueden desempeñar un papel relevante en la promoción de la inclusión. Las plataformas en línea pueden ser utilizadas para difundir mensajes de aceptación y respeto, brindar recursos informativos y conectar a personas LGBTQ+ con comunidades de apoyo.

En resumen, la inclusión LGBTQ+ en el trabajo y la educación es un tema complejo que requiere un enfoque integral y colaborativo. Superar los desafíos y aprovechar las oportunidades implica el compromiso de todos los actores sociales: individuos, empresas, instituciones educativas, gobiernos y sociedad en general. La construcción de una sociedad inclusiva, donde todas las personas sean tratadas con igualdad y respeto, es una meta alcanzable si trabajaron juntos para eliminar la discriminación y promover la diversidad. Solo así podremos crear un futuro más justo y equitativo para todos.

CAPÍTULO 11: SALUD Y BIENESTAR EN LA DIVERSIDAD SEXUAL Y DE GÉNERO

Aspectos médicos, psicológicos y sociales de la salud LGBTQ+

Los aspectos médicos, psicológicos y sociales de la salud LGBTQ+ son fundamentales para comprender las experiencias y desafíos únicos que enfrenta esta comunidad. La sigla LGBTQ+ abarca a lesbianas, gays, bisexuales, personas transgénero, queer y otras identidades de género y orientaciones sexuales diversas. A lo largo de la historia, las personas LGBTQ+ han sido objeto de discriminación, estigmatización y falta de comprensión, lo que ha tenido un impacto significativo en su bienestar general.

En el ámbito médico, la salud LGBTQ+ puede verse afectado por barreras para acceder a la atención sanitaria adecuada. Muchas personas LGBTQ+ enfrentan discriminación por parte de los profesionales de la salud, lo que puede llevar a un retraso en el diagnóstico y tratamiento de diversas afecciones. Además, algunas comunidades LGBTQ+ tienen una mayor prevalencia de ciertas condiciones de salud, como problemas de salud mental, VIH/SIDA, enfermedades cardiovasculares y ciertos tipos de cáncer, debido a factores sociales y comportamientos de riesgo.

La salud psicológica de las personas LGBTQ+ también es una preocupación importante. El estrés crónico relacionado con la discriminación, la violencia y el estigma puede conducir a problemas de salud mental, como la ansiedad, la depresión y los trastornos de estrés postraumático. Además, el proceso de aceptación y revelación de la identidad de género u orientación sexual puede ser desafiante y tener un impacto emocional significativo. Los servicios de apoyo psicológico adecuados y culturalmente sensibles son cruciales para garantizar el bienestar mental de la comunidad LGBTQ+.

En el aspecto social, las personas LGBTQ+ a menudo enfrentan obstáculos relacionados con la aceptación y la integración en la sociedad. El rechazo familiar, el acoso escolar y la discriminación laboral son solo algunos de los problemas que enfrentan muchas personas LGBTQ+. Estos factores sociales pueden contribuir a una sensación de aislamiento y alienación, lo que afecta negativamente su salud emocional y física.

La falta de reconocimiento legal de las relaciones LGBTQ+ en algunos países también puede tener un impacto negativo en la salud. La negación de derechos, como el matrimonio igualitario o la adopción conjunta, puede generar tensiones adicionales en las relaciones familiares y afectar el acceso a los beneficios sociales y de salud.

Asi también, en las últimas décadas ha habido avances significativos en la comprensión y el apoyo a la salud LGBTQ+. Cada vez más profesionales de la salud reciben capacitación en competencia cultural y sensibilidad hacia la diversidad sexual y de género, lo que mejora la calidad de la atención médica que reciben las personas LGBTQ+. Asimismo, se han establecido organizaciones y recursos que brindan apoyo psicológico y social a la comunidad LGBTQ+.

La promoción de la educación y la conciencia sobre los problemas de salud específicos que enfrenta la comunidad LGBTQ+ es esencial para superar las desigualdades y mejorar la salud y el bienestar de las personas LGBTQ+. La lucha contra la discriminación y la promoción de la igualdad de derechos son pasos cruciales para garantizar que todas las personas, independientemente de su identidad de género u orientación sexual, tengan acceso a una atención médica y apoyo psicológico y social adecuados. Solo a través de un enfoque integral y comprensivo, podremos construir una sociedad más inclusiva y equitativa para todas las personas LGBTQ+.

Continuando con el tema, es importante destacar que el apoyo de la comunidad y aliados también juega un papel fundamental en la salud LGBTQ+. Los espacios seguros, como grupos de apoyo y organizaciones LGBTQ+, adecuadamente un entorno donde las personas pueden conectarse, compartir experiencias y obtener recursos útiles. La creación de redes de apoyo social contribuye a reducir la sensación de aislamiento y brinda una mayor sensación de pertenencia.

En relación con los aspectos médicos, se ha avanzado en la investigación y la implementación de prácticas de atención médica específicas para la comunidad LGBTQ+. Es fundamental que los profesionales de la salud se capaciten para brindar una atención libre de prejuicios y respetuosa con las identidades de género y orientaciones sexuales diversas. Además, se ha trabajado en la promoción de la atención preventiva y la detección temprana de enfermedades que pueden afectar de manera desproporcionada a personas LGBTQ+, como el cáncer anal en hombres homosexuales o el cáncer de mama en mujeres lesbianas.

En cuanto a la salud mental, la terapia de género y la terapia de conversión son temas importantes que deben abordarse. La terapia de género busca apoyar a las personas transgénero en su proceso de transición y aceptación, mientras que la terapia de conversión, también conocida como terapia de reorientación sexual, ha sido ampliamente desacreditada y considerada como dañina para la salud mental de las personas LGBTQ+. Muchos países han prohibido esta práctica, reconociendo que puede llevar a consecuencias graves, como la depresión, la ansiedad y el suicidio.

En el ámbito social, la lucha por la igualdad de derechos ha sido una constante en la agenda de la comunidad LGBTQ+. Los avances legislativos en favor del matrimonio igualitario, la identidad de género y la no discriminación han sido victorias significativas en muchos países. Sin embargo, todavía existen desafíos por superar, ya que la discriminación y la violencia contra personas LGBTQ+ persisten en diversas partes del mundo.

El entorno escolar es otro aspecto crítico para la salud LGBTQ+. La educación inclusiva y la promoción de espacios libres de discriminación y bullying son esenciales para garantizar que los jóvenes LGBTQ+ puedan desarrollarse en un ambiente seguro y saludable.

En conclusión, los aspectos médicos, psicológicos y sociales de la salud LGBTQ+ son interdependientes y complejos. La discriminación y el estigma pueden tener un impacto negativo significativo en la salud y el bienestar de las personas LGBTQ+. Es fundamental que la sociedad en su conjunto trabaje hacia la eliminación de la discriminación y la promoción de la igualdad de derechos para que todas las personas, independientemente de su identidad de género u orientación sexual, puedan acceder a una atención médica y apoyo adecuado. A través de la educación, la comprensión y el respeto mutuo, podemos avanzar hacia una sociedad más inclusiva y justa para todas las personas LGBTQ+.

Acceso a la atención médica y apoyo emocional

El acceso a la atención médica y al apoyo emocional son aspectos vitales para el bienestar y la calidad de vida de las personas. Tener acceso a servicios de atención médica de calidad ya un apoyo emocional adecuado es fundamental para prevenir, detectar y tratar enfermedades, así como para abordar los problemas emocionales y mentales que enfrentamos en diferentes etapas de la vida.

En cuanto al acceso a la atención médica, es importante destacar que no todas las personas tienen igualdad de oportunidades para acceder a servicios de salud. Factores como la ubicación geográfica, el nivel socioeconómico, el estatus migratorio y la discriminación pueden obstaculizar el acceso a la médica adecuada. En muchas partes del mundo, las comunidades rurales y las poblaciones marginadas enfrentan barreras significativas para acceder a servicios de salud de calidad, lo que contribuye a disparidades de salud preocupantes.

Es fundamental que los gobiernos y las instituciones de salud trabajen para eliminar estas barreras y garantizar que todos tengan acceso a una atención médica equitativa y asequible. Esto implica la expansión de infraestructuras de salud en áreas desatendidas, la implementación de programas de salud preventiva y la promoción de servicios accesibles para todas las personas, independientemente de su origen o situación económica.

Además del acceso a la atención médica, el apoyo emocional y psicológico también juega un papel crucial en la salud y el bienestar. Las personas enfrentan una amplia gama de desafíos emocionales a lo largo de sus vidas, como el estrés, la ansiedad, la depresión, el duelo y otros problemas de salud mental. Contar con un apoyo emocional adecuado puede ser clave para superar estos desafíos y mejorar la resiliencia mental.

El apoyo emocional puede provenir de diferentes fuentes, incluidos familiares, amigos y profesionales de la salud mental. Los servicios de asesoramiento y ofrecen un espacio seguro para expresar emociones y trabajar en la resolución de problemas. Es fundamental desestigmatizar la búsqueda de ayuda psicológica y asegurar que haya suficientes recursos para satisfacer las necesidades emocionales de la población.

En algunos contextos, como en el caso de comunidades LGBTQ+, personas migrantes o grupos en situaciones de crisis humanitarias, el apoyo emocional puede ser aún más crucial debido a la discriminación, la violencia o el trauma que enfrentan. La inclusión y la comprensión cultural son esenciales para brindar apoyo emocional a estas poblaciones, asegurando que los servicios sean sensibles a sus necesidades específicas.

Es necesario promover una atención integral que considere tanto la dimensión física como la emocional del bienestar humano. Los enfoques de atención médica centrados en la persona, que reconocen la importancia de la salud mental y el bienestar emocional, son fundamentales para abordar de manera efectiva las necesidades de las personas.

En conclusión, el acceso a la atención médica y el apoyo emocional son pilares fundamentales para una sociedad saludable y equitativa. Garantizar que todas las personas tengan acceso a servicios de salud de calidad ya un apoyo emocional adecuado es un desafío que debe ser abordado por gobiernos, instituciones de salud y la sociedad en su conjunto. Al reconocer la importancia de estos aspectos y trabajar para eliminar barreras, podemos avanzar hacia una sociedad más compasiva, saludable y resiliente.

Además del acceso a la atención médica y el apoyo emocional, es necesario promover la prevención y la promoción de la salud como pilares fundamentales de un sistema de salud sólido. La prevención se enfoca en evitar la aparición de enfermedades y problemas de salud, reduce así la carga de enfermedades y los costos asociados con el tratamiento.

La promoción de la salud implica educar a la población sobre prácticas saludables y fomentar un estilo de vida activo y equilibrado. Campañas de concientización sobre temas como la nutrición, la actividad física, la prevención de enfermedades crónicas y el manejo del estrés son herramientas valiosas para mejorar la salud general de la población.

Asimismo, es fundamental considerar la salud mental como parte integral de la atención médica y el bienestar general. La promoción de la salud mental y la prevención de enfermedades psicológicas pueden ayudar a reducir el impacto de trastornos como la ansiedad y la depresión, que florecen a millones de personas en todo el mundo.

En el ámbito del apoyo emocional, es esencial destinar más recursos a la capacitación y el fortalecimiento de los profesionales de la salud mental. Los terapeutas y psicólogos desempeñan un papel crucial en la provisión de apoyo emocional y tratamiento para quienes lo necesitan. Asegurar que estos profesionales tengan acceso a la formación y los recursos necesarios es vital para brindar una atención de calidad.

Además, la promoción de la salud mental en el lugar de trabajo es otro aspecto relevante. Las empresas y organizaciones pueden implementar programas de bienestar y apoyo emocional para sus empleados, lo que no solo mejora el ambiente laboral, sino que también aumenta la productividad y la satisfacción laboral.

En cuanto al acceso a la atención médica, es necesario abordar la falta de acceso en comunidades desfavorecidas. La falta de seguro médico y la distancia a los centros de atención pueden ser obstáculos significativos para muchas personas. Es fundamental que los gobiernos y las instituciones de salud trabajen en conjunto para garantizar que todos los ciudadanos tengan igualdad de oportunidades para acceder a servicios de salud de calidad.

En este sentido, la telemedicina y la tecnología pueden ser herramientas útiles para mejorar el acceso a la atención médica, especialmente en áreas remotas o con escasez de recursos. La telemedicina permite la consulta médica a distancia, lo que facilita la atención a pacientes en lugares de difícil acceso.

En síntesis, el acceso a la atención médica y el apoyo emocional son dos pilares fundamentales para el bienestar de la población. La promoción de la salud y la prevención de enfermedades, así como la incorporación de la salud mental como parte integral de la atención médica, son elementos clave para construir un sistema de salud sólido y equitativo. Al abordar estos aspectos de manera integral y colaborativa, podemos avanzar hacia una sociedad más saludable y resiliente.

CAPÍTULO 12: HACIA UN FUTURO INCLUSIVO Y EQUITATIVO

Reflexiones sobre los logros y desafíos pendientes

Los logros y desafíos pendientes en el ámbito LGBTQ+ son un recordatorio de la lucha constante por la igualdad y el respeto hacia todas las personas, independientemente de su orientación sexual o identidad de género. A lo largo de los años, la comunidad LGBTQ+ ha alcanzado importantes logros que han transformado su realidad y han generado cambios significativos en la sociedad. Sin embargo, aún existen desafíos importantes que requieren atención y acción para lograr una plena inclusión y respeto.

Entre los logros alcanzados, destaca la legalización del matrimonio igualitario en muchos países, lo que ha permitido que parejas del mismo sexo puedan casarse y tener los mismos derechos y protecciones legales que las parejas heterosexuales. Esto ha sido un gran paso hacia la igualdad de derechos para la comunidad LGBTQ+ y ha contribuido a la visibilización y normalización de las relaciones afectivas y amorosas entre personas del mismo sexo.

Asimismo, ha habido avances en la protección de los derechos laborales y el reconocimiento de la identidad de género en muchos países. Las personas transgénero han logrado obtener mayores derechos y protecciones legales, como el acceso a documentos legales que reflejan su identidad de género y la prohibición de la discriminación basada en la identidad de género en el ámbito laboral y educativo.

El activismo y la visibilización de la comunidad LGBTQ+ han sido fundamentales para impulsar estos cambios y generar una mayor conciencia y comprensión sobre las realidades que enfrentan las personas queer. La lucha por la igualdad de derechos ha logrado cambios sociales y culturales, fomentando un ambiente más inclusivo y respetuoso para las personas LGBTQ+.

Sin embargo, a pesar de estos logros, aún existen desafíos

pendientes que requieren atención y acción. La discriminación y la violencia basada en la orientación sexual o la identidad de género persisten en muchas partes del mundo, lo que afecta gravemente la seguridad y el bienestar de las personas LGBTQ+. Es necesario seguir trabajando para erradicar la discriminación y garantizar que todos los individuos puedan vivir sin temor a ser excluidos o agredidos debido a su orientación sexual o identidad de género.

Además, en algunos países, las leyes y políticas discriminatorias aún obstaculizan el acceso a servicios de salud, educación y empleo para la comunidad LGBTQ+. Es fundamental que los gobiernos adopten medidas para proteger y promover los derechos de esta comunidad, asegurando que tengan igualdad de oportunidades y acceso a los servicios y recursos necesarios para su pleno desarrollo.

La falta de educación y comprensión sobre la diversidad de orientaciones sexuales e identidades de género también representa un desafío significativo. La ignorancia y los estereotipos pueden perpetuar la discriminación y el rechazo hacia las personas LGBTQ+. Por lo tanto, es necesario promover una educación inclusiva y respetuosa que fomente la empatía y la aceptación hacia todas las personas, independientemente de su orientación sexual o identidad de género.

En resumen, los logros y desafíos pendientes de la comunidad LGBTQ+ reflejan una lucha constante por la igualdad de derechos y el respeto a la diversidad. Si bien ha habido avances significativos en términos de reconocimiento y protección de derechos, aún quedan obstáculos importantes para superar. Es necesario seguir trabajando juntos como sociedad para eliminar la discriminación y crear un entorno inclusivo y respetuoso para todas las personas LGBTQ+. Solo a través del compromiso colectivo y el respeto mutuo, podremos construir un mundo donde todas las personas puedan vivir libremente y ser auténticas en su identidad de género y orientación sexual.

De acuerdo con el contexto anterior, se entiende que los logros y desafíos pendientes en el ámbito LGBTQ+ son un reflejo de la larga lucha por la igualdad de derechos y el reconocimiento de la diversidad sexual y de género. A lo largo del tiempo, se han alcanzado avances significativos que han permitido cambios positivos en la vida de muchas personas LGBTQ+, pero aún quedan importantes desafíos por enfrentar para lograr una sociedad verdaderamente inclusiva y respetuosa.

En ese sentido, uno de los logros más destacados ha sido el avance en la legalización del matrimonio igualitario en varios países, lo que ha permitido que parejas del mismo sexo puedan formalizar su relación y gozar de los mismos derechos y responsabilidades que las parejas heterosexuales. Este avance ha sido un gran paso hacia la igualdad de derechos para la comunidad LGBTQ+ y ha contribuido a visibilizar y normalizar las relaciones afectivas entre personas del mismo sexo.

Asimismo, ha habido avances en el reconocimiento de la identidad de género y la protección de los derechos de las personas transgénero en algunos lugares. Algunos países han adoptado leyes que permiten el cambio de identidad de género en documentos legales y prohíben la discriminación basada en la identidad de género en el ámbito laboral y educativo. Estos son importantes avances para garantizar la dignidad y el respeto de las personas trans.

Sin embargo, aún existen desafíos pendientes que requieren atención y acción. La discriminación, la violencia y el rechazo hacia las personas LGBTQ+ persisten en muchos lugares, lo que afecta su bienestar y seguridad. Es necesario seguir trabajando para eliminar la discriminación y promover el respeto hacia todas las personas, independientemente de su orientación sexual o identidad de género.

De igual forma, los logros y desafíos pendientes en el ámbito LGBTQ+ son un reflejo de la larga lucha por la igualdad de derechos y el reconocimiento de la diversidad sexual y de género. A lo largo del tiempo, se han alcanzado avances significativos que han permitido cambios positivos en la vida de muchas personas LGBTQ+, pero aún quedan importantes desafíos por enfrentar para lograr una sociedad verdaderamente inclusiva y respetuosa.

Uno de los logros más destacados ha sido el avance en la legalización del matrimonio igualitario en varios países, lo que ha permitido que parejas del mismo sexo puedan formalizar su relación y gozar de los mismos derechos y responsabilidades que las parejas heterosexuales. Este avance ha sido un gran paso hacia la igualdad de derechos para la comunidad LGBTQ+ y ha contribuido a visibilizar y normalizar las relaciones afectivas entre personas del mismo sexo.

Sin embargo, aún existen desafíos pendientes que requieren atención y acción. La discriminación, la violencia y el rechazo hacia las personas LGBTQ+ persisten en muchos lugares, lo que afecta su bienestar y seguridad. Es necesario seguir trabajando para eliminar la discriminación y promover el respeto hacia todas las personas, independientemente de su orientación sexual o identidad de género.

Además, en muchos países, las leyes y políticas discriminatorias obstaculizan el acceso a servicios de salud, educación y empleo para la comunidad LGBTQ+. Es fundamental que los gobiernos adopten medidas para proteger y promover los derechos de esta comunidad, asegurando que tengan igualdad de oportunidades y acceso a los servicios y recursos necesarios para su pleno desarrollo.

La educación y la sensibilización sobre la diversidad sexual y de género también son fundamentales para superar los desafíos pendientes. La falta de conocimiento y la perpetuación de estereotipos pueden contribuir a la discriminación y el rechazo hacia las personas LGBTQ+. Es necesario promover una educación inclusiva que fomente la aceptación y el respeto hacia todas las personas, sin importar su orientación sexual o identidad de género.

En síntesis, los logros y desafíos pendientes en relación con la comunidad LGBTQ+ reflejan una lucha constante por la igualdad de derechos y el reconocimiento de la diversidad. Si bien ha habido avances significativos, aún quedan importantes desafíos por superar para construir una sociedad más inclusiva y respetuosa. Es responsabilidad de todos trabajar juntos para eliminar la discriminación y promover el respeto hacia todas las personas, sin importar su orientación sexual o identidad de género. Solo así podremos avanzar hacia un mundo donde todos podamos vivir libres y auténticos, sin temor a ser juzgados o excluidos por ser quienes somos.

Conclusión

"Explorando la Diversidad Sexual: Una Mirada Objetiva a la Sexualidad e Identidad de Género" ha sido un viaje apasionante en el cual hemos ahondado en la complejidad y riqueza de la diversidad humana en términos de sexualidad y género. A lo largo de estas páginas, hemos descubierto que cada individuo es único en su orientación sexual e identidad de género, y que esta diversidad es una expresión natural de la humanidad.

Hemos aprendido que la sexualidad no es binaria ni estática, sino que se manifiesta en una amplia gama de orientaciones y manifestaciones. La identidad de género tampoco es una cuestión de "hombre" o "mujer", sino que puede abarcar un espectro diverso de experiencias y vivencias.

En esta exploración, nos hemos enfrentado a mitos y estigmas que han rodeado a la diversidad sexual y de género. Hemos visto cómo la falta de conocimiento y la desinformación han perpetuado la discriminación y el rechazo hacia las personas LGBTQ+. Es fundamental desafiar estos prejuicios y promover la educación y la empatía como herramientas para construir una sociedad más comprensiva y respetuosa.

Asimismo, hemos reflexionado sobre los desafíos que aún enfrenta la comunidad LGBTQ+ en su búsqueda de igualdad de derechos y reconocimiento. Aunque se han logrado avances significativos, todavía existen obstáculos que deben ser superados para garantizar que todas las personas puedan vivir libres y auténticas, sin temor a ser discriminadas o excluidas por su orientación sexual o identidad de género.

Es imprescindible reconocer que la diversidad sexual y de género es un componente esencial de la riqueza humana y que todas las personas merecen ser tratadas con respeto y dignidad. Solo a través de la aceptación y el reconocimiento de la diversidad, podremos construir una sociedad inclusiva, justa y equitativa para todos.

En última instancia, este libro es un llamado a la tolerancia y la empatía. Invitamos a todos los lectores a cuestionar sus propias creencias y prejuicios, ya abrir sus corazones y mentes a la diversidad que nos rodea. Juntos, podemos construir un mundo en el que todas las personas puedan vivir en plenitud, sin miedo a ser juzgadas o discriminadas por ser quienes son.

"Explorando la Diversidad Sexual: Una Mirada Objetiva a la Sexualidad e Identidad de Género" es un pequeño aporte para promover la comprensión y el respeto hacia todas las personas, sin importar su orientación sexual o identidad de género. Esperamos que estas reflexiones y conocimientos nos inspiren a construir un futuro más inclusivo y diverso, donde cada individuo pueda vivir auténticamente y ser aceptado en su plenitud. La tarea de crear un mundo más justo y respetuoso es responsabilidad de todos nosotros, y juntos, podemos lograrlo.

Referencia Bibliografica

Libros:

Madison, A. (2009). El libro azul de la sexualidad. Ediciones B.

"El libro azul de la sexualidad" de Amber Madison" El libro azul de la sexualidad" de Amber Madison

"Sexo para principiantes" de Emily Nagoski

"El libro del sexo" de Joannides

"El cuerpo es maravilloso" de Robie H. Harris

"Adolescents, Sex, and You" de Planned Parenthood

Artículos de revista:

"La nueva era de la sexualidad" de The New York Times

"El futuro del sexo" de Wired

"La revolución sexual" de Time

"La nueva ciencia del sexo" de Scientific American

"El poder del sexo" de National Geographic

Sitios web:

Planned Parenthood

The Trevor Project

GLAAD

Human Rights Campaign

National Center for Transgender Equality

9 798856 542935